L'ART DE NOTRE TEMPS

COURBET

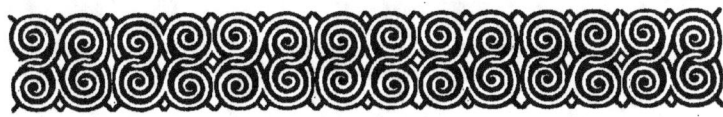

L'ART DE NOTRE TEMPS

COURBET

8° Z R. Rolland
6729

L'ART DE NOTRE TEMPS

COLLECTION D'ALBUMS D'AMATEURS IN-4º QUART GRAND JÉSUS
COMPRENANT CHACUN 48 PLANCHES HORS-TEXTE
ACCOMPAGNÉES DE NOTICES ET
PRÉCÉDÉES D'UNE INTRODUCTION BIOGRAPHIQUE ET CRITIQUE

PREMIÈRE SÉRIE

CHASSÉRIAU
PAR HENRY MARCEL
ANCIEN DIRECTEUR DES BEAUX-ARTS
ADMINISTRATEUR GÉNÉRAL
DE LA BIBLIOTHÈQUE NATIONALE

COURBET
PAR LÉONCE BÉNÉDITE
CONSERVATEUR DU MUSÉE
DU LUXEMBOURG
PROFESSEUR A L'ÉCOLE DU LOUVRE

PUVIS DE CHAVANNES
PAR ANDRÉ MICHEL
CONSERVATEUR AUX MUSÉES NATIONAUX
PROFESSEUR A L'ÉCOLE DU LOUVRE

MANET
PAR LOUIS HOURTICQ
INSPECTEUR ADJOINT DES BEAUX-ARTS
DE LA VILLE DE PARIS

DAUMIER
PAR LÉON ROSENTHAL
DOCTEUR ÈS-LETTRES
PROFESSEUR AU LYCÉE LOUIS-LE-GRAND

CARPEAUX
PAR PAUL VITRY
CONSERVATEUR-ADJOINT AU MUSÉE DU LOUVRE
PROF. A L'ÉCOLE NATIONALE DES ARTS DÉCORATIFS

DAUBIGNY
PAR JEAN LARAN
BIBLIOTHÉCAIRE AU DÉPARTEMENT DES ESTAMPES
DE LA BIBLIOTHÈQUE NATIONALE

GUSTAVE MOREAU
PAR LÉON DESHAIRS
CONSERVATEUR DE LA BIBLIOTHÈQUE DE L'UNION
CENTRALE DES ARTS DÉCORATIFS

MILLET
PAR PAUL LEPRIEUR
CONSERVATEUR DES PEINTURES AU MUSÉE DU
LOUVRE, PROFESSEUR A L'ÉCOLE DU LOUVRE

DEGAS
PAR P.-A. LEMOISNE
BIBLIOTHÉCAIRE AU DÉPARTEMENT DES ESTAMPES
DE LA BIBLIOTHÈQUE NATIONALE

(VOIR A LA FIN DU VOLUME LES CONDITIONS D'ABONNEMENT A LA SÉRIE COMPLÈTE)

L'ART DE NOTRE TEMPS

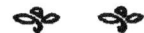

COURBET

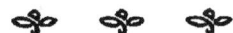

48 PLANCHES HORS-TEXTE

ACCOMPAGNÉES DE 48 NOTICES RÉDIGÉES PAR
J. LARAN ET PH. GASTON-DREYFUS, ET PRÉCÉDÉES
D'UNE ÉTUDE BIOGRAPHIQUE ET CRITIQUE PAR

LÉONCE BÉNÉDITE

CONSERVATEUR DU MUSÉE DU LUXEMBOURG
PROFESSEUR A L'ÉCOLE DU LOUVRE

LA RENAISSANCE DU LIVRE
JEAN GILLEQUIN & Cⁱᵉ, ÉDITEURS
78, BOULEVARD SAINT-MICHEL, PARIS

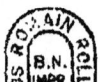

Gustave Courbet
(1819-1877)

Il n'y a pas, dans le monde des arts, de personnalité qui se soit imposée avec plus de scandale à ses contemporains que celle de Courbet. Il a été la bête noire de sa génération et il a pesé sur son jugement de tout le poids de son importance tapageuse et de son insupportable vanité. Pour peu qu'on entre dans l'histoire de sa vie on s'explique ce sentiment et on l'excuse. Il a exaspéré le public, il a lassé ses meilleurs amis. Il irrita tellement l'opinion que, aux mauvais jours de ses dernières années, il paya cher ce malentendu avec elle. On avait fini par prendre pour un être dangereux ce gros hâbleur inoffensif. On le crut sur parole et, après 1870, lorsqu'il se fut sottement mêlé, à l'occasion des tristes événements politiques, au milieu des révolutionnaires, criant et braillant plus fort que les autres, il fut si compromis qu'il ne trouva plus pour le défendre que quelques confrères, plus avisés, qui l'avaient deviné et qui admiraient en lui le peintre. On usa avec lui de cruauté et la fin de ses jours fut singulièrement attristée. Mais ses juges, si sévères fussent-ils, méritent, de leur côté, quelque indulgence, tant il avait poussé à bout la patience de chacun.

Il avait un appétit énorme et assez grossier de gloire, une soif pantagruélique de réclame. Il fallait à tout prix qu'on parlât de lui ; il surenchérit continuellement sur lui-même pour étonner, cherchant à chaque occasion quelque nouvelle manifestation scandaleuse afin de réveiller l'attention du public, quand, distraite et fatiguée, elle se détournait de lui. Il est le pivot de l'univers, il le dit et il finit par le croire sincèrement, se grisant lui-même de sa propre forfanterie. Ses biographies sont remplies d'anecdotes fantastiques et authentiques au sujet de cette puérile et colossale vanité. Le portrait qu'a tracé, avec une certaine bienveillance, cependant, Théophile Silvestre nous en reproduit quelques-unes de typiques. Il n'accomplit pas un acte qui ne soit une démonstration faite pour remuer le monde. Napoléon, à coup sûr, ne fut pas plus préoccupé de l'Histoire. Le jour qu'il décida de refuser la croix de la Légion d'honneur, quand, sortant du café avec Fantin et quelques amis, il alla jeter dans la boîte sa fameuse lettre au ministre, il se retourna vers ses compagnons en leur recommandant de bien considérer ce geste qui allait marquer une date mémorable.

Mais ce qui ne peut pas tromper, surtout, ce sont ses lettres. Il faut lire, dans le copieux et solide monument que lui a élevé Georges Riat, la correspondance de ce terrible enfant gâté, bavard, vantard et assez « mufle » si l'on ose employer un mot de l'argot moderne, pour se figurer à quel point ses monstrueuses hâbleries sont insipides et révoltantes. Il écrit, par exemple, à Bruyas, le fidèle bailleur de fonds, quand il construit sa baraque au rond-point de l'Alma : « J'ai fait bâtir une cathédrale... Je stupéfie le monde entier. Je triomphe non seulement sur les modernes mais encore sur les anciens. C'est la galerie du Louvre. Il n'y a plus de Champs-Elysées, plus de Luxembourg, plus de Champ de Mars... J'ai consterné le monde des arts... »

Vis-à-vis des siens, ses fanfaronnades sont encore plus puériles. Il énumère les gens de la noblesse qui s'empressent autour de lui : « Le comte de Choiseul avec sa sœur, la marquise de Montalembert, sortent de chez moi... Le père Hyacinthe a parlé de moi à Notre-Dame dans sa conférence... J'ai, dans ce moment-ci, un succès à Paris, qui est incroyable. Je finis par rester le seul. »

Courbet valait, certes, mieux, au fond, que l'attitude absurde qu'il avait prise. La postérité, qui n'aura pas eu à en souffrir, peut s'amuser de ces grosses bouffonneries et, du reste, oublier l'homme pour ne voir que l'œuvre, ce qui semble, en somme, son devoir, car l'une est aussi admirable que l'autre parut odieux et encombrant. Il est, toutefois, inutile de les dissocier et tout au contraire, il est indispensable de ne pas oublier l'homme si l'on veut bien comprendre l'œuvre.

En effet, dans cette nature entière et foncièrement naïve sous son outrecuidante vanité et sa grosse finesse de « montagnon » franc-comtois, le fonds original ne se dissimule pas sous l'acquis, la culture n'a pas émoussé le caractère et l'homme est tout entier dans l'œuvre, avec ses excès, ses écarts, ses violences, ses manques de goût, son besoin d'étonner, mais aussi avec toute sa beauté physique, sa santé plantureuse, sa vigueur montagnarde, et parfois une certaine et très singulière élégance native. Peut-être même tels de ses plus détestables défauts, qui ont si malencontreusement, parfois, influé sur son inspiration, nous dévoilent-ils le secret de ses plus magnifiques audaces et de ses plus heureuses témérités.

Courbet, on le sait, a donné en maintes circonstances et, notamment, dans la préface du catalogue de son Exposition, avenue Montaigne, en 1855, la définition de son art. Il est réaliste. Bien mieux ! il est le Réalisme, comme il intitule fièrement son Exposition.

Quelle est la nature de son réalisme, il nous l'explique dans ce manifeste rédigé, peut-être, par la plume savante d'un de ses thuriféraires attitrés, tels que Champfleury, et qui nous surprend, tant il est déduit avec calme et dans un style peu d'accord avec le ton de son éloquence habituelle.

« J'ai étudié, nous dit-il, en dehors de tout esprit de système, l'art des anciens et l'art des modernes. Je n'ai pas plus voulu imiter les uns que copier les autres ; ma pensée n'a pas été davantage d'arriver au but oiseux de l'art pour l'art. Non ! j'ai voulu tout simplement puiser dans l'entière connaissance de la tradition le sentiment raisonné et indépendant de ma propre individualité. Savoir pour pouvoir, telle fut ma pensée. Etre à même de traduire les mœurs, les idées, l'aspect de mon époque, selon mon appréciation, être non seulement un peintre, mais encore un homme, en un mot, faire de l'art vivant, tel est mon but. » Thoré lui-même n'aurait pas mieux dit.

Ce programme, en tant que programme, était-il si original ? Tout cela avait été dit et redit depuis déjà bien longtemps avant Courbet. Il n'y a qu'à relire la préface du Salon de 1833 par Laviron — nous sommes là en plein dans la période triomphante du romantisme — pour nous assurer que ces idées étaient dans l'air parmi ceux qui combattaient les insuffisances et les erreurs du romantisme au même titre que celles du classicisme.

« L'actualité et la tendance sociale de l'art, écrivait-il en propres termes (1), sont les choses dont nous nous inquiétons le plus ; ensuite vient la vérité de représentation et l'habileté plus ou moins grande d'exécution matérielle. Nous demandons avant tout autre chose l'actualité parce que nous voulons qu'il agisse sur la société et qu'il la pousse au progrès. Nous lui demandons de la vérité parce qu'il faut qu'il soit vivant pour être compris. »

Il y a tout juste la différence de l'étiquette pour distinguer ces deux apôtres de la modernité qui se suivent à près de vingt ans de distance. Laviron baptise les artisans nouveaux de son œuvre de réaction et de progrès des naturalistes. Courbet s'intitule réaliste et le mot lui appartient-il plus que le programme ?

Avant lui, du reste, combien avaient tenté, inconsciemment ou volontairement, l'œuvre qu'il dut accomplir. Les générations, entre 1830 et 1840, sont remplies par les efforts des artistes qui essaient de s'affranchir des influences littéraires ou historiques

---

(1) Le Salon de 1833 par G. Laviron et B. Galbacio. Paris, 1833, p. 30.

du romantisme aussi bien que de l'académisme des classiques, qui veulent traduire, eux aussi, à côté des vaillants paysagistes marchant déjà de conquête en conquête, les aspects de la vie de l'homme contemporain. Ce souci de remettre l'art dans sa vraie voie, de lui faire exprimer les aspirations et les formes de la vie de notre temps, se fait sentir même dès le début du siècle. Mais sans remonter à Delacroix, à Géricault et jusqu'à Gros ou à David, il est certain que, avec Decamps et à la suite de Decamps, il y a eu tout un monde d'artistes fortement remués par le mouvement des idées en fermentation à cette époque, mouvement qui allait aboutir à la grande effervescence démocratique de 1848. Pour n'en citer que deux des plus significatifs, bien que l'un commence à peine à être remis à sa place et que l'autre persiste à être injustement oublié, n'y a-t-il pas le brave Cals qui, dès 1835, traduit avec une certaine tendresse émue et jusqu'alors inconnue, les scènes intimes de la vie populaire ? N'y a-t-il pas Jeanron, ce fier et robuste Jeanron, que Thoré qualifiait de « peintre plébéien jusque dans l'expression du paysage » ?

En quoi donc consiste l'originalité de Courbet dans ce courant que son œuvre va si impérieusement diriger au cours de la deuxième moitié du siècle ?

Son originalité c'est que, dans cet ordre d'idées de l'observation des réalités familières, il a été, d'instinct, spontanément, sans étude et sans effort, l'homme de son œuvre. Chez les autres ces tendances étaient jusqu'à un certain point préconçues, voulues, préméditées, sauf peut-être chez ce bon Cals, fils d'ouvrier, resté peuple, qui peint modestement son milieu sans voir autre chose. Mais cet art tendre et enveloppé d'un timide ne devait pas faire de prosélytes. Quant à Jeanron, par exemple, c'était, lui, un type d'homme éclairé, distingué, qui finit misérablement sans doute, mais non sans avoir occupé un jour, avec une autorité trop méconnue, les fonctions de Directeur des Musées nationaux et avoir préparé la réorganisation du Louvre. Courbet, dans ses scènes de la vie contemporaine, de la vie provinciale et rurale, est tout à fait conséquent avec lui-même. C'est, également ce qui fait, en face de lui, la puissance expressive tout exceptionnelle de son grand émule, plus religieux et plus mystique, Millet. Celui-ci était paysan, fils de paysan, et jusqu'à 21 ans, il travailla du travail de la terre avec ses frères de la glèbe. Courbet, fils de vignerons, montagnard franc-comtois, est resté toujours de son village, petit monde étroit sur lequel il est bien sûr de régner par son prestige indiscuté. Comme le lui fait dire Th. Silvestre, dans ce jargon prétentieux de philosophie tudesque mis à la mode dans les tavernes, Courbet unit le « subjectif » à « l'objectif ». Cela peut se traduire en ce sens qu'il voit excellemment toutes les choses qui le touchent de près; il les voit avec sentiment, avec l'espèce d'émotion dont il dispose, avec ce qui est sa sensibilité à lui, le fort attachement réel qu'il garde toujours pour les choses de sa famille, de sa maison, de son pays. Sa « grande amour » commence par lui-même et il est l'objet de prédilection de son pinceau. Il caresse son image de « beau pâtre chaldéen » avec tendresse, et il a fait maint chef-d'œuvre grâce à cette candide adoration.

Ce qui fait encore la force de Courbet, c'est que

tous les débordements de son tempérament le mettent justement à l'abri des erreurs du réalisme. Cette hâblerie de son caractère, cette forfanterie même, cette dénaturation de toute chose au profit de sa personnalité, tout cela se traduit dans son interprétation de la nature par une sorte de grandissement, de grossissement, d'exagération qui le conduisent au style. Cela le sauve de l'imitation littérale, de la copie conforme, du procès-verbal. Il voit tout largement, grandement, par fortes masses, robustes oppositions. Ce qui aurait pu être facilement vulgarité chez tout autre devient chez lui trivialité puissante; ce qui est personnel et particulier, prend, malgré lui, un caractère de généralité. Il a beau faire poser ses sœurs, son père, sa voisine Josette, les paysans de Flagey, le père Gagey, casseur de cailloux, tous ces noms familiers d'êtres ou de lieux disparaissent pour nous et les figures deviennent, bon gré mal gré, des représentations typiques.

Le praticien, du reste, est tellement incomparable qu'on oublie aujourd'hui toutes les niaiseries de sa philosophie sociale, morale, esthétique, positive et mathématique, pour ne voir que l'éclat, la puissance et la splendeur de vie de ses toiles les plus absurdes comme sujet et composition. Et Delacroix lui-même, devant ce vaste tableau paradoxal et incohérent de L'ATELIER, ne devançait-il pas le jugement de notre temps en déclarant qu'il avait « découvert un chef-d'œuvre », qu'il ne pouvait « s'arracher à cette vue ».

Et voyez L'ENTERREMENT D'ORNANS c'est, quand on l'analyse, une toile vraiment extraordinaire. Courbet a essayé de mystifier son public parisien en lui servant les têtes de tous les notables d'Ornans, depuis le maire solennel et emprunté « qui pèse 400 », jusqu'aux chantres rubiconds ou au père Cassard, le fossoyeur. Mais, grâce à cette puissance de réalisation concrète et quasi scupturale qui ne se rencontre que chez un Velasquez ou un Jordaens, il obtient une composition admirable par l'unité dans l'harmonie, par les accords si puissants, si riches et si expressifs entre les noirs, les blancs et les rouges de tous ces costumes, défroque de sacristie qu'il a sortie si intelligemment sous le ciel. Il y a même chez ce diable d'homme, plus poète qu'il ne croyait à ses heures, un sentiment profond de l'émotion. Si l'on essaie de couper — comme on l'a fait plus loin avec beaucoup d'à propos — le groupe des femmes, on est surpris du caractère vraiment imprévu de pathétique que nous offrent toutes ces têtes de vieilles ou de jeunes femmes recueillies. Il y a là toute la grandeur émue des tableaux les plus religieux du moyen âge. Ce morceau, à lui seul, est, au point de vue du caractère expressif, de toute beauté.

Appelons donc Courbet réaliste, puisqu'il le veut; réaliste par ses motifs, pris, évidemment, dans les réalités familières qui l'entourent. Mais c'est surtout un réalisateur. S'il manque de goût dans ses sujets, s'il n'a pas le sens du ridicule, ce qui compromet plus d'une de ses créations, qui eussent été, sans cela, des chefs-d'œuvre complets, il a comme peintre, une beauté pleine et robuste, souvent une distinction innée, une aisance, une spontanéité, qui impressionnèrent ceux de ses contemporains les plus avisés et qui assurèrent son influence sur la plupart des grandes écoles. Tels maitres de Belgique ou d'Allemagne relèvent de lui, sans parler de la France, où son métier viril et franc réagit contre les pratiques louches de l'académisme ou du romantisme dégénéré et donna naissance à tout un groupe fort important dans notre histoire.

Son impopularité même servit sa cause. Elle était si bien concertée et entretenue qu'aucun de ses ouvrages ne passa inaperçu pendant trente ans, que le scandale accrut sa réputation et que les proscriptions lui assurèrent des amis et des disciples. Il a été pour nous le « peintre » par excellence, et les plus beaux peintres de notre temps sont sortis de lui ou se sont tournés vers lui : les Manet et les Fantin, les Legros et les Whistler, les Monet et les Renoir, les Carolus Duran et les Ribot, et les Stevens et tant d'autres. Avec Corot et Millet, Courbet est, sans conteste, un des trois grands initiateurs de l'art dans la deuxième moitié du XIXe siècle.

LÉONCE BÉNÉDITE.

BIBLIOGRAPHIE SOMMAIRE

On trouverait difficilement un écrivain qui se soit occupé d'art moderne sans consacrer quelques pages à Courbet. Aucun des tableaux exposés par l'artiste n'a passé inaperçu. Il ne saurait donc être question ici de citer les innombrables articles qui contiennent quelques lignes utiles à notre sujet. Les travailleurs pourront d'ailleurs les retrouver sans peine, grâce à la bibliographie des critiques de Salons de M. Maurice TOURNEUX (en cours d'impression) et aux tables, récemment publiées, des principales revues d'art. Ils trouveront aussi aisément les catalogues d'expositions et de vente, que des bibliothèques spéciales, comme la bibliothèque Doucet, mettent à leur disposition. Nous nous contenterons de mentionner, par ordre chronologique, quelques ouvrages plus étendus.

Théophile SILVESTRE, Histoire des Artistes Vivants, études d'après nature (1856). — M. GUICHARD, Les Doctrines de M. Courbet, maître peintre (1862). — E. CHESNEAU, L'Art et les Artistes modernes (1864). — P.-J. PROUDHON, Du Principe de l'Art et de sa Destination Sociale (1865). — Emile ZOLA, Mes Haines... (1866). — Théodore DURET, Les Peintres Français en 1867 (1867). — Camille LEMONNIER, G. Courbet et son Œuvre (1868). — Lettres de G. Courbet à l'Armée Allemande (Oct. 1870). — Max SULZBERGER, Le Réalisme en France et en Belgique... (1874). — Max CLAUDET, G. Courbet, Souvenirs (1878). — Comte H. D'IDEVILLE, G. Courbet, Notes et Documents... (1878). — GROS-ROST, Courbet, Souvenirs Intimes (1880). — CASTAGNARY, Gustave Courbet et la Colonne Vendôme, Plaidoyer pour un Ami mort (1883). — Victor FOURNEL, Les Artistes Français Contemporains... (1884). —

Paul SALVISBERG, *Kunsthistorische Studien (1884-87).* — Al. ESTIGNARD, *Portraits Francs-Comtois (1885.)* — Jean GIGOUX, *Causeries sur les Artistes de mon Temps (1885).* — J. BARBEY D'AUREVILLY, *Les Œuvres et les Hommes... (1887).* — Camille LEMONNIER, *Les Peintres de la Vie (1888).* — A. ESTIGNARD, *G. Courbet, sa Vie et ses Œuvres (1897).* — J. BRETON, *La Peinture (2ᵉ éd., 1904).* — Julius MEIER-GRAEFE, *Corot und Courbet (1905).* — Georges GAZIER, *G. Courbet (1906).* — M. ROBIN, *G. Courbet (1909).*

Il faut faire une place à part dans cette énumération à la monographie très consciencieuse et abondamment documentée publiée chez Floury en 1906, par G. RIAT. Si la mort prématurée de l'auteur n'avait malheureusement empêché la mise au jour du catalogue et de la bibliographie qui devaient compléter cette étude, on pourrait dire que grâce, à elle, les historiens ont bien peu de chance de découvrir désormais un renseignement vraiment utile sur la vie et l'œuvre de Courbet.

I. — COURBET AU CHIEN NOIR

Courbet est un des sujets favoris de Courbet. On le lui a assez souvent reproché, oubliant peut-être qu'un artiste trouve difficilement un modèle aussi commode et mieux connu que lui-même.

Mais, ajoutait-on, le peintre qui a enlaidi à plaisir tant de ses contemporains ne manquait pas de se mettre « en frais de délicatesse en faveur de sa propre figure » (Edm. About 1857). Ici encore, l'artiste n'est pas sans excuse, s'il en faut pour les chefs-d'œuvre que nous a valus cette complaisance un peu exclusive. Tous ceux qui l'ont connu dans sa jeunesse s'accordent en effet à dire qu'il était fort beau.

« Il avait la taille haute — dit Jules Breton — la poitrine large, la face ferme en ses plans simples, légèrement bronzée et éclairée par deux magnifiques yeux de taureau. Sa chevelure était luxuriante, et sa barbe ondulée et bien semée laissait voir toute la grâce d'une bouche fine, qui relevait volontiers ses coins ironiques et teintés d'ombre; ...tout cela avec une apparence de rusticité qui lui donnait l'air d'un pâtre chaldéen. Tel Courbet. Sa marche ondulait dans ce balancement satisfait des beaux campagnards, la tête toujours un peu penchée vers le sol comme pour des recherches intéressant le flair; car il avait plus de tempérament que d'intelligence, plus de sensualité que de sentiment poétique. » (La Peinture, p. 181.)

C'est un portrait de l'artiste par lui-même, le COURBET AU CHIEN NOIR, peint en 1842, qui lui valut la première consécration officielle. Courbet, alors âgé de 23 ans, s'était représenté dans un paysage de sa province, à l'entrée de la grotte de Plaisir-Fontaine, en compagnie d'un bel épagneul, cadeau d'un de ses amis et qui faisait, dit-il dans une de ses lettres, l'admiration de chacun.

Le portrait fut admis par le jury du Salon de 1844, et malgré l'échec d'une autre toile, ce fut l'occasion d'une grande joie pour l'artiste, qui travaillait depuis quatre ans à Paris, sans maître, à sa guise, à la grande inquiétude des siens. « Je suis enfin reçu à l'Exposition — leur écrivit-il aussitôt — ce qui me fait le plus grand plaisir. Ce n'est pas le tableau que j'aurais le plus désiré qu'il fût reçu ; mais c'est égal, c'est tout ce que je demande, car le tableau qu'ils m'ont refusé n'était pas fini... Ils m'ont fait l'honneur de me donner une fort belle place à l'Exposition; ce qui me dédommage. » Et il explique ailleurs que si son tableau eut été plus grand, il aurait certainement obtenu une médaille : « c'eut été un début magnifique ! »

Le COURBET AU CHIEN NOIR, qui a figuré à la Centennale en 1900, est récemment entré au Petit Palais par un don de Mlle Juliette Courbet.

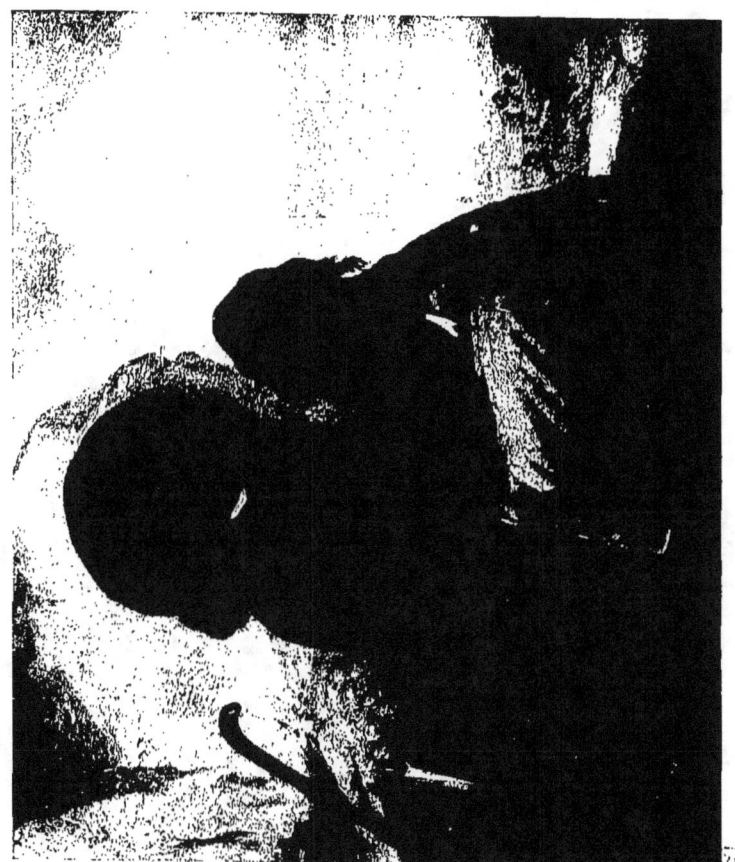

1. — Courbet au Chien noir

PETIT-PALAIS DE LA VILLE DE PARIS

PHOT BULLOZ

II. — LE GUITARRERO

L'année suivante, en 1845, Courbet, qui possédait déjà une grande puissance de travail et une remarquable facilité, présenta cinq toiles au Salon. Le jury retint seulement une petite composition, LE GUITARRERO, exécutée en une quinzaine de jours, qui a passé, il y a quelques années, de la collection Faure dans la galerie Bernheim jeune, où elle a été récemment vendue.

L'artiste, avec son optimisme habituel, se consola vite de son échec et s'empressa d'apprendre à sa famille qu'un banquier et un marchand lui faisaient des offres pour LE GUITARRERO. Mais tandis qu'il balançait encore à demander 500 francs de sa toile, les acheteurs s'étaient déjà éclipsés.

On reconnaîtra sans peine les traits de Courbet sous l'accoutrement romantique de son personnage. L'œuvre est très typique des hésitations de l'artiste à ses débuts.

Une seule chose était alors certaine pour lui : c'est qu'il ne se mettrait pas à l'école des peintres officiels. Il ne trouvait plus rien à leur demander après quelques séances de modèle chez le baron de Steuben, quelques entretiens avec Auguste Hesse. Il trouvait plus de profit à copier les vieux maîtres, comme Rembrandt, Franz Hals, Van Dyck, Velasquez, ou des modernes plus ou moins hardis, comme Géricault, Delacroix et même Schnetz ou Robert-Fleury, qui lui servaient de guides avant qu'il eût trouvé lui-même sa propre voie.

Le romantisme d'assez mauvais aloi qui inspire cette composition se retrouverait dans un grand nombre d'œuvres du peintre, pendant cette première période. A ce même Salon, avec un portrait de sa sœur Juliette, baptisée, « pour rire », la BARONNE DE M..., il avait envoyé notamment un RÊVE DE JEUNE FILLE, dont on s'imagine facilement le sentimentalisme de commande. Peu auparavant, en 1841, il s'était peint lui-même la tête entre les mains, dans une toile intitulée le DÉSESPOIR. Citons encore, parmi les titres romantiques, des RUINES LE LONG D'UN LAC (1839), un MOINE DANS UN CLOÎTRE (1840), L'HOMME DÉLIVRÉ DE L'AMOUR PAR LA MORT, une ODALISQUE inspirée de Victor Hugo, une LELIA empruntée à George Sand, et une NUIT DE WALPURGIS (1841) tirée du Faust de Goethe. On connaît enfin les AMANTS DANS LA CAMPAGNE, SENTIMENTS DU JEUNE AGE, dont deux exemplaires appartiennent à nos collections publiques. L'un d'eux est au Musée de Lyon, l'autre au Petit Palais de la Ville de Paris, où il a été donné par Mlle Juliette Courbet.

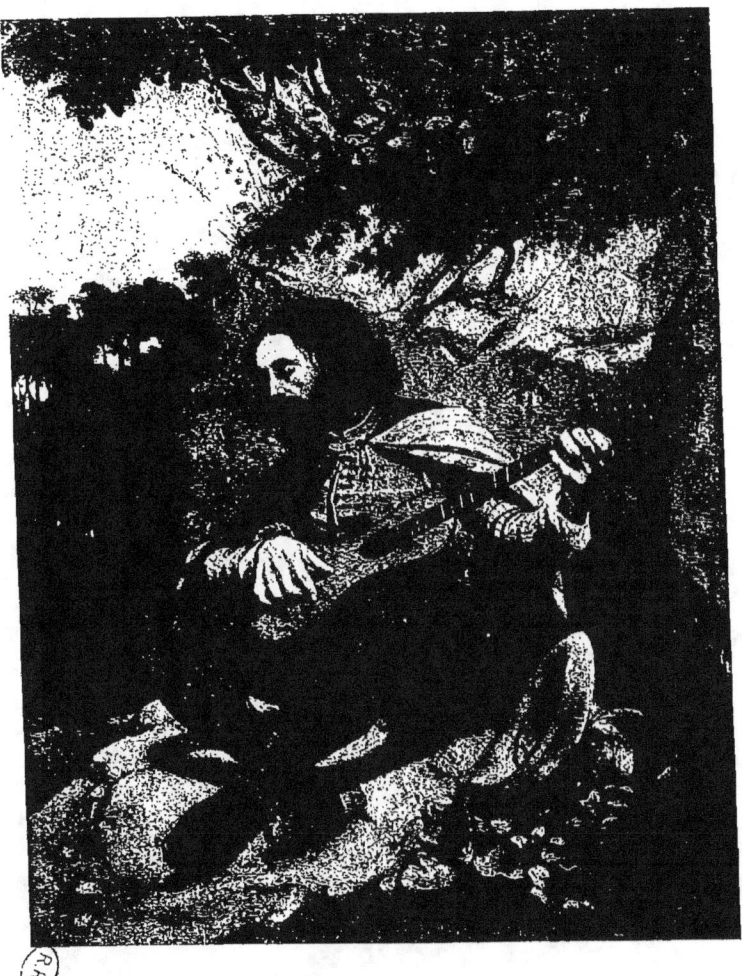

II. — LE GUITARRERO

COLLECTION PARTICULIÈRE   PHOT. DRUET

III. — LE HAMAC

Beaucoup plus personnelle est la composition intitulée LE HAMAC, que nous reproduisons ici.

Cette œuvre, qui est datée de 1844, est entrée dans la collection du prince de Wagram. Comme elle n'a figuré, sauf erreur, dans aucune exposition importante, nous ne pouvons en rapprocher, comme nous le ferons pour les toiles qui suivent, les impressions des contemporains.

Il eut été intéressant cependant de savoir quel accueil fut fait à cette figure si peu conventionnelle, d'un charme un peu vulgaire, mais d'une saveur naturaliste déjà fort audacieuse, dans un de ces paysages vigoureux qui suffiraient à faire reconnaître Courbet.

Si l'on veut juger de l'ardeur avec laquelle le peintre se cherche lui-même à cette époque, voir quelles ressources d'ambition et d'énergie il met en œuvre, on relira, d'après l'ouvrage de Riat, la lettre qu'il écrit à sa famille en mars 1845 : « Il faut, dit-il, que l'an qui vient je fasse un grand tableau qui me fasse décidément connaître sous mon vrai jour, car je veux tout ou rien. Tous ces petits tableaux-là ne sont pas seulement ce que je peux faire...; je veux faire de la grande peinture. Ce que je dis là n'est pas... de la présomption ; car toutes les personnes qui m'approchent et qui se connaissent en art me le prédisent. J'ai fait, l'autre jour, une tête d'étude, et, lorsque je l'ai fait voir à M. Hesse, il m'a dit, devant tout son atelier, qu'il y avait très peu de maîtres, à Paris, capables d'en faire une pareille... J'admets qu'il y ait de l'exagération dans ses paroles. Mais ce qu'il y a de sûr, c'est qu'il faut qu'avant cinq ans j'aie un nom dans Paris ».

Pour forcer enfin l'attention, qui tarde au gré de son impatience, Courbet envoya au Salon de 1846 huit tableaux, dont, hélas, sept furent refusés. Le huitième (vraisemblablement son propre portrait du Musée de Besançon) fut fort mal placé : « ils l'ont perché au plafond, si bien qu'on ne peut le voir ».

Devant cet échec, Courbet perd un moment de sa philosophie sinon de sa confiance. Le voici du nombre de ceux qui crient — souvent avec raison — contre les sévérités du jury. « Chacun se plaint — dit-il — ... c'est une vraie loterie ! » Il y a contre lui de la « mauvaise volonté » et les juges sont « un tas de vieux imbéciles » préoccupés seulement d'« étouffer les jeunes gens qui pourraient leur passer sur le corps ».

III. — Le Hamac

COLLECTION PARTICULIÈRE
PHOT. DRUET

IV. — L'HOMME A LA PIPE

L'année suivante, en 1847, nouveau désastre. Trois tableaux présentés au Salon sont refusés par le jury.

L'artiste est atterré. Il a beau mépriser ses juges, leur décision est pour lui grosse de conséquences : « pour se faire connaître, il faut exposer, et, malheureusement, il n'y a que cette exposition-là. Les années passées, lorsque j'avais moins ma manière à moi, que je faisais encore un peu comme eux, ils me recevaient ; mais aujourd'hui que je suis moi, il ne faut plus que je l'espère. »

Courbet n'était pas seul à protester. C'est à la suite de ce même Salon que Delacroix, Decamps, Dupré, Rousseau, Daumier, etc., se réunissaient chez Barye pour tenter de fonder un Salon indépendant.

Mais la révolution de 1848 permit de constituer le jury sur de nouvelles bases et les trois tableaux qu'on venait de refuser à Courbet purent paraître dans les expositions suivantes. La réputation du peintre ne perdit rien à ce long stage. Remarqué dès 1848 par Champfleury et Prosper Haussard, l'artiste fut encouragé dès lors par un petit groupe d'admirateurs qui virent en lui « un grand peintre ».

Parmi les toiles refusées en 1847 se trouvait un petit chef-d'œuvre, L'HOMME A LA PIPE, qui reparut au Salon de 1850-51. Mais à ce dernier Salon, Courbet envoya des œuvres bien autrement importantes et hardies. La critique avait trop à faire avec L'ENTERREMENT pour s'arrêter longtemps devant L'HOMME A LA PIPE. Ce fut pourtant, pour quelques-uns des juges qui partirent en guerre contre le goût et les théories de Courbet, l'occasion de rendre justice à son « faire magistral ».

Ce portrait est un admirable morceau de peinture, dit Louis Peisse. Il est traité, ajoute Delécluze, avec un rare talent, une suavité et une largeur de pinceau remarquables. Vignon dit enfin : c'est un diamant de modelé, de finesse et d'exécution...

Il paraît que L'HOMME A LA PIPE faillit être acquis à l'exposition par le prince président. Mais les pourparlers n'aboutirent pas. Courbet écrivit en effet à Bruyas, qui acheta sa toile en mai 1854 : « Je suis enchanté que vous ayez mon portrait. Il a enfin échappé aux barbares. C'est miraculeux, car, dans un temps bien difficile, j'ai eu le courage de le refuser à Napoléon pour la somme de deux mille francs ; plus tard au général russe Gortschakoff... »

L'amateur Bruyas, dont nous aurons l'occasion de reparler, a prêté L'HOMME A LA PIPE à diverses expositions particulières de Courbet. Il l'a légué, avec sa collection, au Musée de Montpellier.

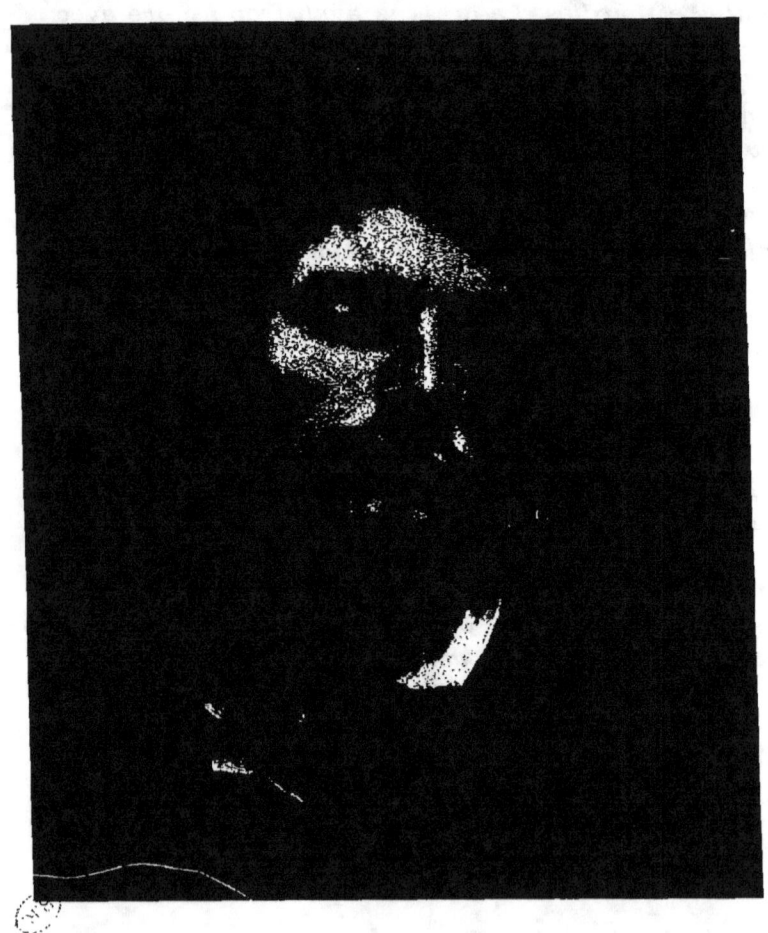

IV. — L'Homme a la Pipe

V. — L'HOMME A LA CEINTURE DE CUIR

Au Salon de 1849, par une heureuse innovation due à Charles Blanc, alors directeur des Beaux-Arts, l'Institut céda la place à un jury élu par les exposants eux-mêmes. Ce fut l'occasion d'une revanche pour les artistes indépendants et notamment pour Courbet, qui eut sept toiles reçues sur sept envois.

Il avait là des paysages, le curieux portrait du « philosophe » TRAPADOUX, un des prototypes du Colline de Mürger (collection H. Rouart), L'APRÈS-DÎNER A ORNANS, dont nous reparlerons, et l'admirable portrait de Courbet lui-même, connu sous le nom de L'HOMME A LA CEINTURE DE CUIR, qui fut exposé d'abord sous le titre bizarre de PORTRAIT DE L'AUTEUR, ÉTUDE DES VÉNITIENS.

Dans cette dernière toile, datée de 1844 (?), il ne s'est pas représenté, comme il l'a fait d'ordinaire, sous ses airs de bon vivant, à la vanité joviale et épanouie. Nous avons ici un Courbet élégant et distingué, d'une autorité tranquille, noble et grave comme un Christ de Ribera. Mais c'est un Courbet assez authentique, que nous retrouvons aussi parfois dans les descriptions écrites des contemporains. « Il était mince, grand, souple — dit Burty — portant de longs cheveux noirs et aussi une barbe noire et soyeuse. On ne le rencontrait qu'escorté d'amis, comme on raconte que sortaient de leurs ateliers les maîtres italiens. Ses longs yeux langoureux, son nez droit, son front bas et d'un relief superbe, ses lèvres saillantes, moqueuses aux commissures comme les yeux l'étaient aux angles, ses joues lisses et bombées lui donnaient la plus étroite ressemblance avec ces profils de rois assyriens qui terminent des corps de bœufs. Son accent traînard et mélodieux... ajoutait un charme paysannesque à sa parole ou très caressante ou très fine. »

C'est seulement en 1881, quelques années après la mort de l'artiste, que l'Etat acquit — pour 29,000 francs — cette belle toile. Elle a traversé le Luxembourg pour trouver ensuite au Louvre un asile définitif. Quoiqu'elle ait beaucoup noirci, elle compte parmi les plus beaux portraits d'artistes qui remplissent le Salon Denon.

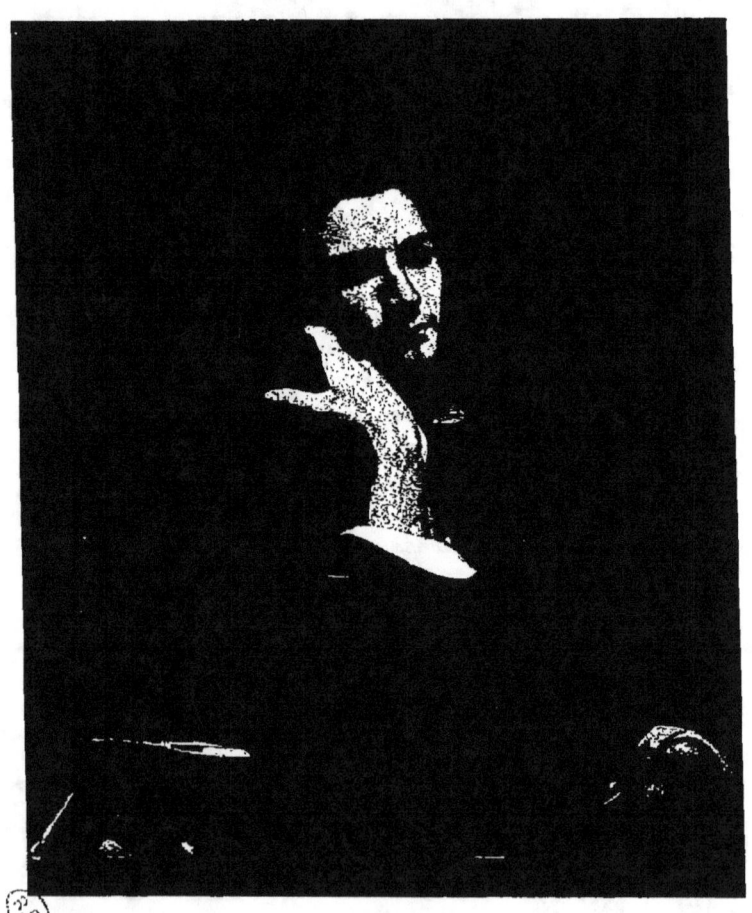

V. — Courbet a la Ceinture de cuir

Musée du Louvre

Phot. Braun

VI. — L'APRÈS-DINER A ORNANS

Exposée à ce même Salon de 1849, c'est la première en date des grandes œuvres de Courbet. C'est aussi la première qui retint réellement l'attention du public. « Personne, hier, ne savait son nom — écrivait Champfleury — : aujourd'hui, il est dans toutes les bouches. Depuis longtemps on n'a vu succès si brusque. Seul, l'an passé, j'avais dit son nom et ses qualités... Aussi m'est-il permis de fouetter l'indolence des critiques qui s'inquiètent plus des hommes acceptés que de la jeunesse forte et courageuse, appelée à prendre leur place et à la mieux garder peut-être... »

Il s'en fallait d'ailleurs de beaucoup que tous les critiques aient partagé l'enthousiasme de Champfleury. Entre autres graves défauts pour les contemporains, cette toile avait celui de n'être pas un sujet, ainsi du moins qu'on l'entendait alors. C'est une scène de genre sur une toile de cinq pieds, disait F. de Lagenevais dans la Revue des Deux

Mondes. M. Ingres regretta de ne trouver ni dessin ni composition dans une œuvre qui témoignait des dons les plus rares. Delacroix n'apporta guère moins de réserves dans son admiration. Le bon Gautier, si bienveillant d'habitude pour tout ce qui témoignait d'un esprit nouveau, fit effort pour louer Courbet, mais il ne comprenait la poésie que sertie de formes nobles et de couleurs rares.

Tout autre est le programme de Courbet. Autour de la table, à Ornans, il a réuni quelques familiers. Le père Courbet s'est assoupi; Adolphe Marlet approche de sa pipe un tison enflammé; le bouledogue dort sur une chaise, et l'artiste lui-même écoute avec recueillement le musicien Promayet qui fait chanter son violon dans l'ombre.

En ne sentant pas que la vie de tous les jours dégage une poésie aussi forte et plus saine que les scènes de la fable et de l'histoire, les contemporains ont sans doute poussé Courbet à exagérer sa note pour mieux se faire comprendre. Ils ont leur part de responsabilité dans cette trivialité voulue qu'il affichera parfois dans la suite pour rajeunir l'art et le pénétrer, suivant le mot de Z. Astruc, d'une naturelle et savoureuse simplicité.

L'APRÈS-DÎNER valut à Courbet une médaille de 2ᵉ classe. Achetée 1.500 francs par l'Etat, elle fut envoyée au Musée de Lille. Les fonds sombres que Courbet affectionnait à cette époque ont encore poussé au noir avec le temps.

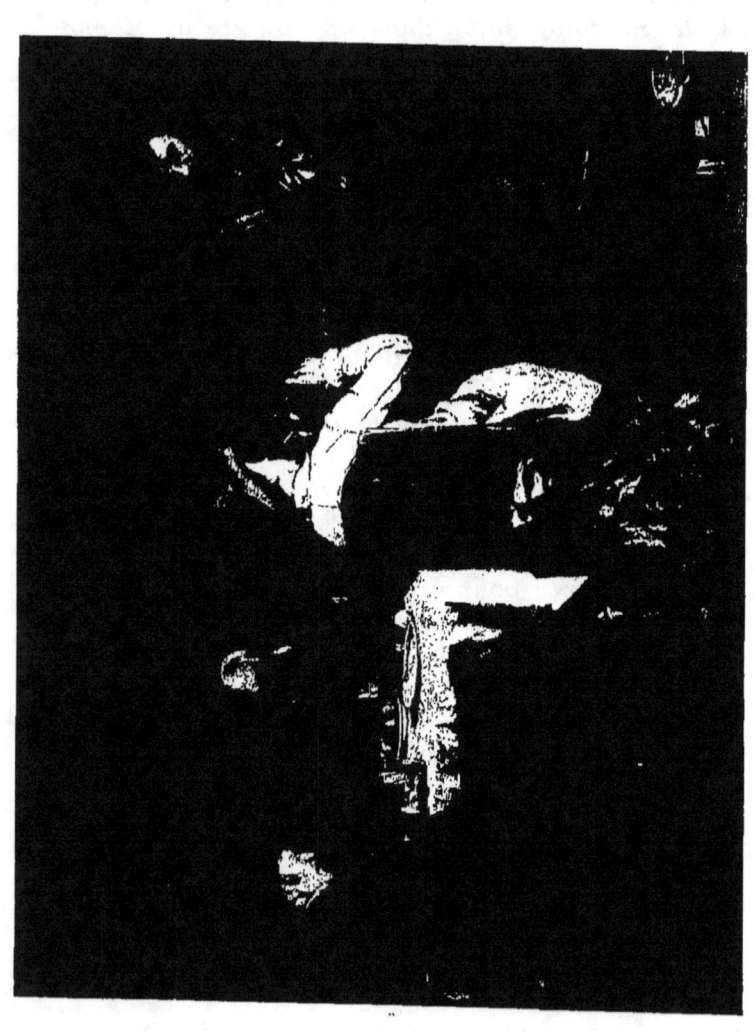

VI. — L'Après-Dîner a Ornans

MUSÉE DE LILLE

PHOT. BULLOZ

VII. — LES PAYSANS DE FLAGEY

Le Salon de 1850-51 est un des plus importants dans la carrière de l'artiste. Le jury, nommé par les artistes, reçut les huit toiles qu'il avait envoyées, et, parmi celles-ci, L'HOMME A LA PIPE, des portraits de BERLIOZ et de l'apôtre JEAN JOURNET, LES PAYSANS DE FLAGEY REVENANT DE LA FOIRE, LES CASSEURS DE PIERRES et L'ENTERREMENT. Devant un pareil ensemble, il n'était pas possible de rester indifférent. De part et d'autre d'un petit groupe d'incertains, les amis et les adversaires de Courbet prennent désormais position.

Dans son pays natal, où il revient sans cesse faire de longs séjours, Courbet s'est arrêté une fois de plus devant les scènes et les modèles familiers. Parmi les paysans qu'il a peints à leur retour vers Flagey, à l'issue de la foire de Salins, on reconnaît le père Courbet, à cheval. La jeune femme qui porte un panier sur la tête est une voisine, la Josette, d'Arbon.

Tandis que la plupart des critiques cherchaient en vain ce que le peintre avait pu trouver d'intéressant dans ce spectacle banal, « digne seulement du daguerréotype », les admirateurs découvraient dans la toile plus de pensées que Courbet, espérons-le, n'avait cherché à y mettre. Empruntons quelques citations à Proudhon pour nous replacer dans l'atmosphère intellectuelle qui sera désormais celle de l'artiste. « Nous sommes loin ici, dit le philosophe, des paysans adonisés de L. Robert, plus loin encore peut-être de ces fiers républicains que Rembrandt et Van der Helst ont représentés... Ici nulle pose, nulle flatterie, pas le plus léger soupçon d'une figure idéale. Tout est vrai, saisi sur nature... Mais arrêtez-vous un instant sur ce réalisme aux apparences vulgaires et vous sentirez bientôt que sous cette vulgarité se cache une profondeur d'observation qui est, selon moi, le vrai point de l'art. » Et Proudhon de prouver cette profondeur d'observation en traçant le portrait physique et moral de chaque personnage. « L'homme au cochon — dit-il par exemple — se définit de lui-même par son accoutrement. C'est un petit propriétaire villageois qui, dès le printemps, songe à ses provisions d'hiver. Il a fait partie de la réquisition de dix-huit à vingt-cinq, en 1793 et il a vu le Rhin : c'est de là qu'il aura rapporté l'habitude de fumer... Revenu de ses campagnes, il a repris la vie rustique... Son air n'a rien du tout de martial... Cependant ne vous y trompez pas, tel que vous le voyez, occupé de son cochon, serrant sa pipe entre ses dents, le bonhomme a des opinions arrêtées, etc., etc... »

LES PAYSANS ont passé par la galerie Durand-Ruel. Vendus 16.600 francs en 1896, dit d'Estignard, ils ont repassé récemment en vente publique.

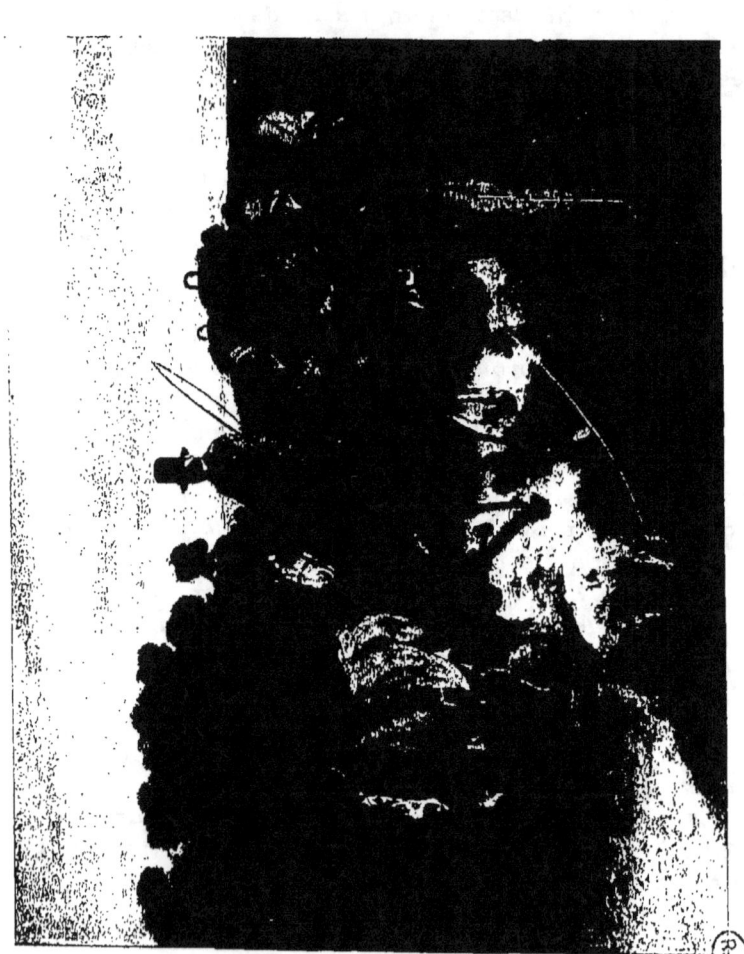

VII. — LES PAYSANS DE FLAGEY

VIII. — L'APOTRE JEAN JOURNET

Je viens de faire « le portrait historique d'un homme excentrique de notre temps, l'apôtre Jean Journet — écrivait Courbet en 1850. — Ça ressemble à Marlborough s'en va-t-en guerre. Journet est si connu dans Paris qu'il faudra mettre, à côté de ce tableau, un gendarme pendant l'exposition ».

Le modèle de Courbet était un ancien carbonaro, qui avait d'abord trouvé refuge en Espagne, s'était installé ensuite comme pharmacien à Limoux et était venu enfin conquérir Paris au fouriérisme et à l'harmonie universelle. Sa carrière évangélique, un moment interrompue par un séjour forcé à Bicêtre, était fertile en incidents héroï-comiques qui ont fourni plus d'un trait aux ouvrages de Schanne et de Mürger.

Nous ne savons où est passé son portrait peint du Salon de 1850, mais une lithographie, parue chez Vion à cette date, en conserve le souvenir. Une complainte qui se chantait sur l'air de Joseph rappelait les indignations de l'apôtre dans la Babylone moderne :

> *... Qu'ai-je vu dans cette fange ?*
>   *Le mélange*
> *De mille crimes divers;*
> *Dans ce gouffre de misère,*
>   *De colère,*
> *J'ai reconnu les enfers.*

... J'ai vu languir la richesse
    Dans l'ivresse
D'un sacrilège sommeil;
J'ai vu, sublime constance,
    L'indigence
Attendre en vain son réveil.

... J'ai vu la jeune imprudente,
    Tendre amante,
S'abandonner au méchant;
Et j'ai vu dans la misère
    Cette mère
Nourrir de pleurs son enfant.

J'ai vu cette ange déchue
    Dans la rue
Prostituer ses appas;
J'ai vu sa gorge si pure
    La pâture
De l'orgie et des frimas.

... Peuple enfin lève la tête,
    Vois la fête,
Aurore de ton bonheur;
Le Seigneur nous est propice:
    Sa justice
Nous devait un Rédempteur!

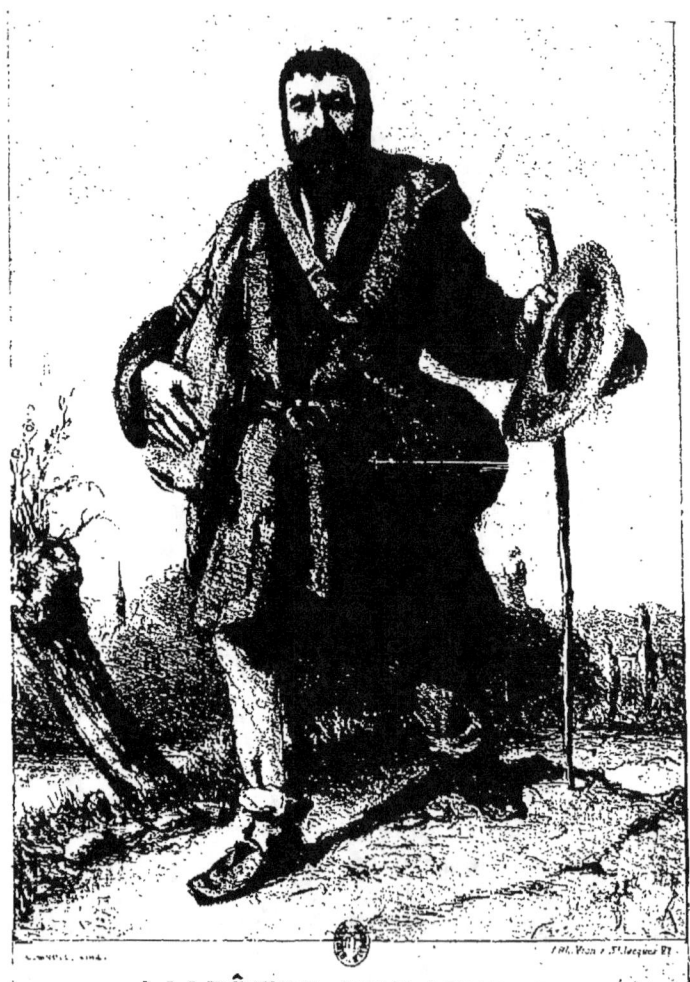

VIII. — JEAN JOURNET (LITHOGRAPHIE)

IX. — LES CASSEURS DE PIERRES

Quand il fit venir dans son atelier d'Ornans le père Gagey, le vieux cantonnier, pour le peindre tel qu'il l'avait vu un jour, en novembre 1849, sur la route du château de Saint-Denis, Courbet ne se proposait sans doute pas encore de « soulever la question sociale », comme il le prétendit plus tard ; mais nous savons par sa correspondance avec Francis Wey que la scène ne l'avait pas frappé seulement par ses qualités pittoresques. « Là est un vieillard de 70 ans, courbé sur son travail, la masse en l'air, les chairs hâlées par le soleil, sa tête à l'ombre d'un chapeau de paille ; son pantalon de rude étoffe est tout rapiécé ; puis, dans ses sabots fêlés, des bas, qui furent blancs, laissent voir les talons : ici, c'est un jeune homme, à la tête poussiéreuse, au teint bis ; la chemise, dégoûtante et en lambeaux, lui laisse voir les flancs et les bras ; une bretelle en cuir retient les restes d'un pantalon, et les souliers de cuir boueux rient tristement de bien des côtés. Le vieillard est à genoux ; le jeune homme est derrière lui, debout, portant un panier de pierres cassées. Hélas ! dans cet état, c'est ainsi qu'on commence, c'est ainsi qu'on finit !... Il est rare — terminait l'artiste — de voir une expression plus complète de la misère. »

La toile n'en fut que plus dépaysée au Salon de 1850-51. « LES CASSEURS DE PIERRES — dit Claude

Vignon — peuvent dignement soutenir le parallèle avec les PAYSANS DE FLAGEY pour représenter le plus grossièrement possible ce qu'il y a de plus grossier et de plus immonde. Et l'on vient nous dire que c'est là de la vérité et du naturalisme ! Nous n'admettons pas ces principes. Pour nous la vérité ne peut jamais être triviale, et la nature, divin miroir où se reflète la beauté éternelle, s'arrête toujours où commence l'ignoble ».

Plaçons en regard de cette condamnation le commentaire plus clairvoyant de Sabatier-Ungher : « Cette peinture... a comme une saveur âpre, mais saine, qui doit sembler désagréable à des palais énervés : cela vous a un goût de pain bis salé tout à fait rustique... C'est d'un naturalisme impitoyable, mais qui n'a rien de vulgaire, car, dans le choix du sujet, comme dans la façon de peindre, il y a de la rusticité, mais rien de bas, et si les types semblent, à force d'accent, friser parfois la caricature, ils demeurent toujours puissants, et, dans aucun coin de l'œuvre, vous ne verrez la moindre mesquinerie : ces haillons ont beaucoup d'ampleur. »

Partout où LES CASSEURS DE PIERRES ont figuré, à Bruxelles en 1851, à l'Exposition Universelle de 1855, à l'Exposition privée de 1867, ils ont gagné des partisans à la cause de Courbet. Acquise pour 16.000 francs en 1867, par Laurent Richard, tailleur, la toile a passé en 1904 de la collection Binant au Musée de Dresde, au nom duquel M. von Seidlitz en offrit 50.000 francs.

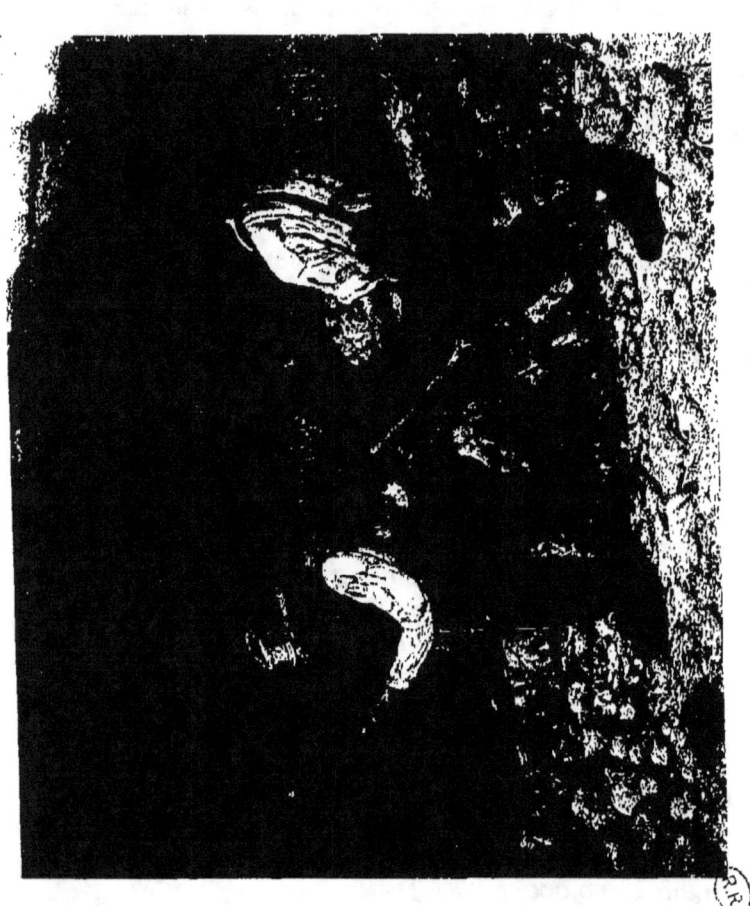

IX. — LES CASSEURS DE PIERRES

X. — L'ENTERREMENT

La belle humeur de Courbet, ses premiers succès et peut-être un peu aussi ses vantardises lui avaient valu à Ornans la plus grande popularité. Aussi tout le village, peut-on dire, collabora-t-il à la grande toile de L'ENTERREMENT, qu'il entreprit à la fin de l'année 1849. Si la scène a un accent incomparable de vérité, c'est un peu parce qu'aucun modèle d'atelier, aucun vêtement de fantaisie n'y apportent leur concours factice. Grâce aux lettres de Courbet et aux renseignements recueillis par G. Riat, nous voyons tout Ornans défiler devant le chevalet du peintre.

La fosse est ouverte au bas de la roche Founèche, devant les roches du Mont et du Château. De gauche à droite, apparaissent, portant le cercueil, Alphonse Bon, le violoniste Promayet, Etienne Nodier et le père Crevot; ils sont coiffés des larges feutres que le chapelier Alphonse Cuenot louait pour la cérémonie. Le curé, M. Bonnet, suivi du vigneron Colart, en porte-croix, et du sacristain Cauchi, a consenti à donner quelques séances de pose, dans ses vêtements sacerdotaux, tout en discutant morale et philosophie avec l'artiste. Derrière le père Cassard, le fossoyeur, qui a mis un genou en terre, on voit les deux bedeaux aux nez rubiconds, le vigneron Muselier et le cordonnier Pierre Clément, personnages que leurs robes rouges et leurs toques à côtes ont fait prendre souvent pour des caricatures de magistrats.

Derrière eux, il a fallu aussi faire place aux chantres : « On est venu m'avertir, écrit Courbet, qu'ils étaient vexés, qu'il n'y avait plus qu'eux de l'église que je n'avais pas tirés. Ils se plaignaient vivement, disant qu'ils ne m'avaient jamais fait de mal et qu'ils ne méritaient pas un affront semblable ».

Parmi l'assistance, se présentent debout, au premier plan, Bertin, la figure cachée dans un mouchoir, puis M. Proudhon, le substitut, cousin du philosophe, le maire, Prosper Teste, « qui pèse 400 », et enfin, escortés d'un beau braque blanc et noir, « deux vieux de la révolution de 93 avec leurs habits du temps ».

Dans le fond apparaissent les têtes du père Courbet et de quelques amis dont tous les noms nous sont connus.

De l'autre côté, séparées des hommes, suivant la coutume, viennent les femmes en vêtements de deuil. On remarquera le beau groupe des trois sœurs de l'artiste, Juliette et Zélie entourant Zoé qui sanglote dans son mouchoir.

Hélas ! les critiques du Salon, dont nous allons donner quelques extraits, portèrent un coup inattendu à l'orgueil de ces modèles bénévoles. Le scandale fut grand, raconte Champfleury, et, malgré les efforts de l'artiste et de ses sœurs, les habitants d'Ornans en voulurent longtemps à Courbet de les avoir offerts en pâture aux moqueries des Parisiens.

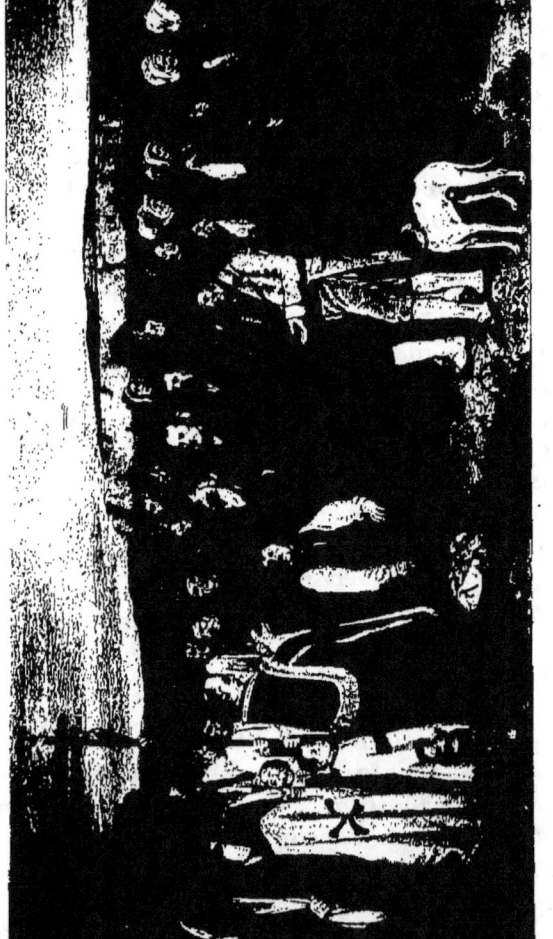

X. — L'Enterrement a Ornans

XI. — L'ENTERREMENT (Suite)
LES ADVERSAIRES ET LES INDÉCIS

C'est L'ENTERREMENT qui posa avec fracas, au Salon de 1850, la question Courbet. L'artiste, écrivait Sabathier-Ungher, s'est fait une place dans l'école française « à la manière d'un boulet de canon qui vient se loger dans un mur ». Pour la majorité du public et des critiques, ce chef-d'œuvre ne fut d'ailleurs qu'une mystification tapageuse et une lamentable faute de goût.

Le sujet, disait-on, ne méritait pas d'être traité à une si grande échelle. Il n'y a pas de perspective, pas de composition, pas de profondeur: les personnages sont alignés sur le même plan et plaqués les uns contre les autres.

« Quelles que soient la longanimité et la bienveillance du spectateur — écrivait Claude Vignon — l'impression produite est la même sur tous : chacun, depuis l'artiste même le plus fantaisiste jusqu'au plus simple bourgeois, s'écrie en se sauvant: Bon Dieu ! que c'est laid ! »

« On ne sait si l'on doit pleurer ou rire — ajoute Gautier — ... Il y a des têtes... qui rappellent les enseignes de débits de tabacs et de ménagerie par l'étrangeté caraïbe du dessin et de la couleur. »

« C'est la glorification de la laideur vulgaire ! » dit Clément de Ris. « C'est à dégoûter d'être enterré à l'Ornus (Ornans) », s'écrie Courtois. « C'est une caricature ignoble et impie », déclare Ph. de Chennevières.

L. de Geofroy, L. Peisse, Fabien Pillet, Pr. Haussard, G. Sand sont presque aussi sévères, mais on trouve aussi, parmi ceux que déroute l'esthétique de Courbet, des critiques que le talent manifeste du peintre oblige à des concessions importantes.

Delécluze, par exemple, que révoltent les deux bedeaux, admire profondément les femmes en pleurs du groupe de droite et conclut : « dans cette scène qui pourrait passer pour le résultat d'une impression de daguerréotype mal venue, il y a le naturel brut que l'on obtient toujours en prenant la nature sur le fait... Malgré les grossiers défauts qui déparent le grand tableau de M. Courbet, cet ouvrage renferme des qualités trop solides et certaines parties sont trop bien peintes, pour que l'on croie à la sauvagerie et à l'ignorance affectées de cet artiste ».

Paul Mantz, enfin, admet L'ENTERREMENT à la condition qu'il ne fasse pas école. Il doit rester, dit-il, « les colonnes d'Hercule du réalisme. On n'ira plus au-delà, et ce tableau... demeurera désormais, pour ceux qui viendront, comme ces bouées, qui, flottant au-dessus des abîmes, conseillent de loin aux frégates perdues de chercher un chemin plus sûr. »

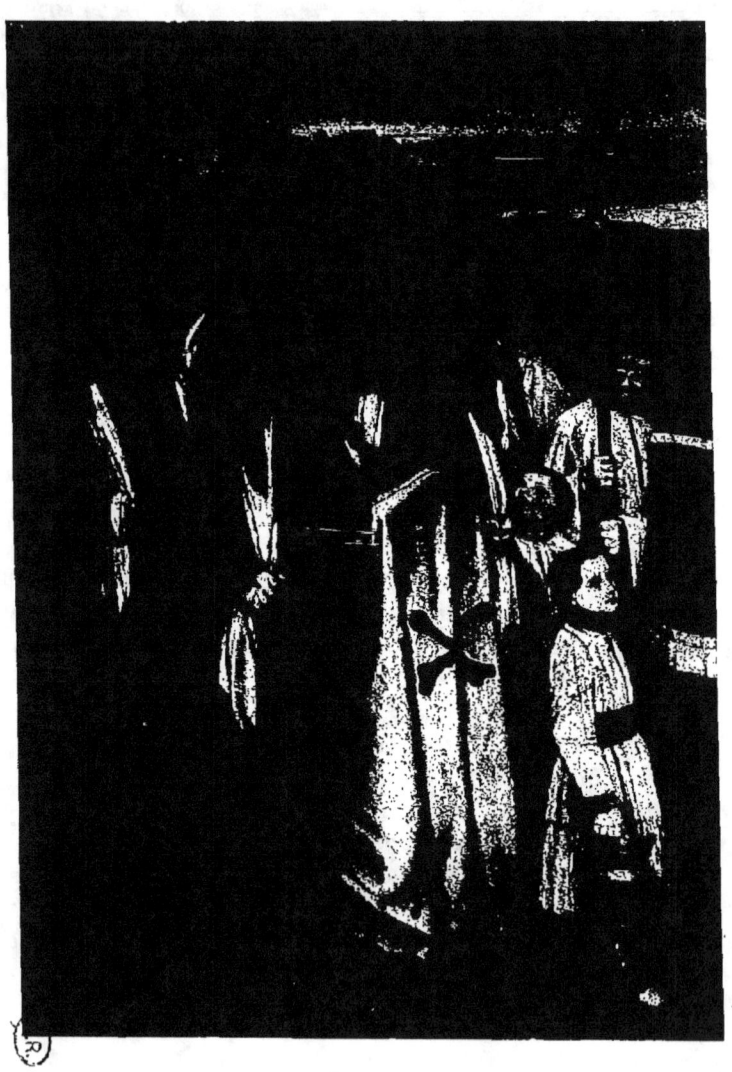

XI. — L'Enterrement (les porteurs)

XII. — L'ENTERREMENT *(Fin)*
LES PARTISANS DE L'ARTISTE

Le groupe des amis de Courbet donna vigoureusement la réplique aux détracteurs de L'ENTERREMENT. Champfleury écrivit plusieurs articles pour défendre l'œuvre figure par figure. Moins connu, mais peut-être mieux inspiré, est le panégyrique de Sabathier-Ungher dont voici quelques extraits :

« Depuis le NAUFRAGE DE LA MÉDUSE, rien d'aussi fort..., rien d'aussi original surtout n'avait été fait chez nous... » Vous dites que cette peinture est triviale ? Ce qui est trivial et brutal, c'est notre civilisation, qui appelle au culte des morts des hommes vulgaires. Le grotesque ne tient pas plus de place dans la toile de Courbet que dans la vie. A côté de quelques mercenaires, indifférents par habitude, ou de quelques assistants distraits, il a peint la dignité calme du prêtre qui remplit un sacerdoce, la douleur poignante des parents et des amis... On a ri du tricorne, des guêtres et des bas bleus des deux vieux paysans. Ces costumes démodés leur enlèvent-ils quelque chose de leur recueillement ou de leur pitié, exprimés avec autant de noblesse que de naïveté et de bonhomie ?

Certaines parties sont dignes du Titien et de Zurbaran par la sévérité du ton, la large simplicité du modelé, la fermeté du dessin, la gravité des attitudes... Personne aujourd'hui ne sait mettre plus d'unité dans la masse, plus d'homogénéité dans l'ombre et la lumière...

« Ce n'était pas chose facile que de donner de la dignité et du style à tous ces costumes modernes. Je me sers à dessein de ce mot de style : je ne vois pas un détail mesquin ; la forme est toujours ample, et ce qu'il y a d'anguleux et d'étriqué dans nos vêtements... est habilement perdu dans la masse des groupes, noyé dans un ton sombre et harmonieux. Je soutiens, pour ma part, que loin d'être tombé dans la vulgarité et le matérialisme, M. Courbet a idéalisé et stylisé son sujet, autant qu'il était possible...

« Vulgaire ce tableau ! Mais regardez donc ce paysage rigide, solennel et ce ciel lamentable, d'où semble sortir une harmonie funéraire, basse mystérieuse de ce chant lugubre de mort. L'herbe verdit tristement sur la colline... et le soleil quittera bientôt la terre où le cadavre va descendre et qui le recouvrira pour jamais... Et l'image du crucifié domine toute cette scène. ... Le tableau de M. Courbet finira par arriver dans quelque galerie dans un siècle ou deux... il sera classique ! »

L'ENTERREMENT n'a pas attendu si longtemps pour trouver la place qui lui était due. Refusé à l'Exposition universelle de 1855, exposé avenue Montaigne la même année, il a été donné par Mlle Juliette Courbet, en 1882, au Musée du Louvre, où il est universellement considéré comme une des œuvres maîtresses de notre temps.

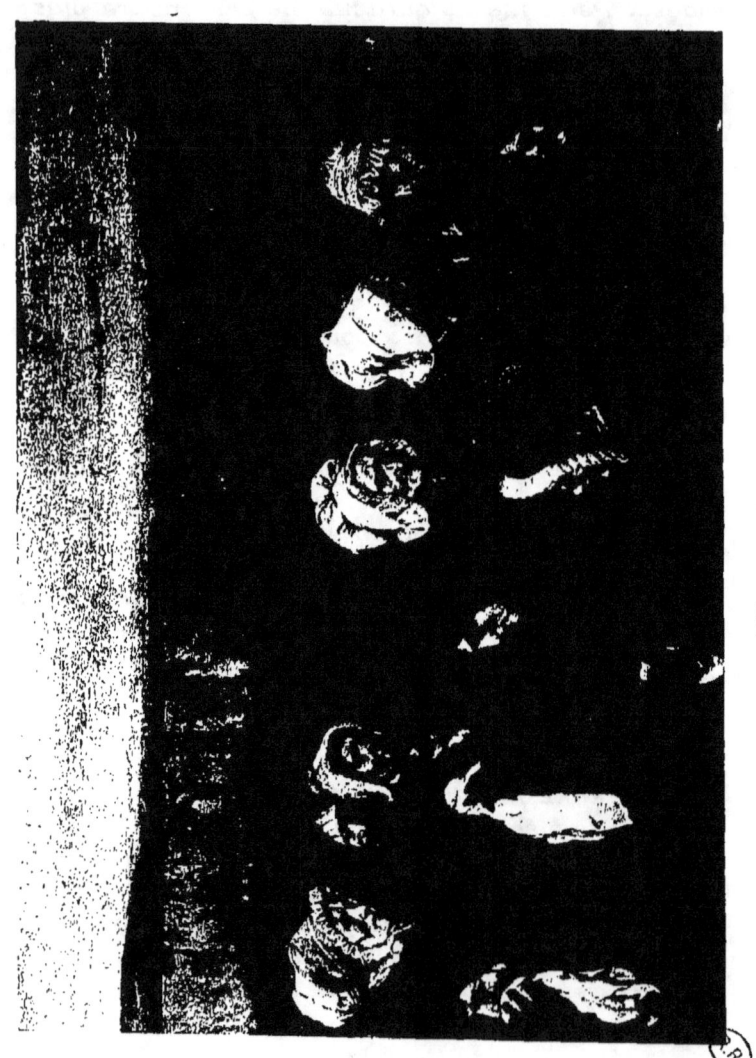

XII. — L'ENTERREMENT (LES FEMMES)

MUSÉE DU LOUVRE
PHOT. BRAUN

XIII. — LES DEMOISELLES DE VILLAGE

Si Courbet n'avait pas été fâché de tout le vacarme fait autour de son nom, certaines critiques cependant lui étaient restées sur le cœur. Il y pensait plus qu'il n'aurait dû en composant LES DEMOISELLES DE VILLAGE, qu'il annonçait en ces termes à Champfleury, avant l'ouverture du Salon de 1852 : « J'ai dévoyé mes juges ; je les mets sur un terrain nouveau : j'ai fait du gracieux. Tout ce qu'ils ont pu dire jusqu'ici ne sert à rien... »

C'est à Courbet qu'il arriva plus d'une fois d'être « dévoyé » par ce besoin de démontrer qu'il était capable comme un autre de « faire du gracieux ». Il réussit quelquefois ainsi à désarmer la critique, mais, en 1852, ces demi-concessions ne lui valurent qu'un nouveau concert de railleries.

Le paysage parut d'une exécution assez forte, mais désert, sans attrait, « entaché de matérialisme ». Les « demoiselles » (c'étaient les trois sœurs de Courbet) furent jugées gauches, vulgaires, roides, endimanchées, en un mot fort disgracieuses. Comme elles ont bien fait, disait-on à l'envi, de se cacher dans un endroit aussi sauvage ! M. Courbet est bien malheureux de ne pas connaître de plus jolies jeunes filles ! Il faut lui savoir gré de n'en avoir pas mis plus de trois !

« Je comprends — ajoute la Chronique de Paris — que l'on traite assez mal l'espèce humaine, mais qu'est-ce que les chiens lui ont fait ? Celui-là est un affreux petit bâtard..., c'est le déshonneur de sa mère... » Encore reconnaît-on que le chien est bien peint. Quant aux vaches, on s'accorde (avec raison d'ailleurs) à déclarer qu'elles paraissent lilliputiennes, de carton, à l'usage des enfants.

L'auteur a mérité la plaisanterie — reconnaît Alfred Grün — par sa brutalité de montagnard comtois, son audace, son orgueil et son mauvais goût. Mais « sous les violences sincères ou affectées, sous le ridicule et les gaucheries plus ou moins volontaires, il est impossible de méconnaître une rare aptitude à saisir et à rendre la nature. » Le vallon « est d'une fermeté de ton, d'une franchise de lumière, d'une vérité locale que l'on pousserait difficilement à un plus haut degré. » Les vaches, enfin, ne paraissent trop petites que parce que l'artiste n'a pas rendu suffisamment intelligible leur éloignement. Un détail si facile à corriger ne justifie pas la sévérité de la critique.

Les Demoiselles de Village, achetées par le duc de Morny, ont figuré à l'exposition universelle de 1855 et à l'exposition privée de 1867. Séquestrées en 1876 avec les œuvres de Courbet, elles furent rendues non sans peine à la duchesse de Morny. Acquises ensuite par M. Durand-Ruel, elles ont récemment passé en Amérique.

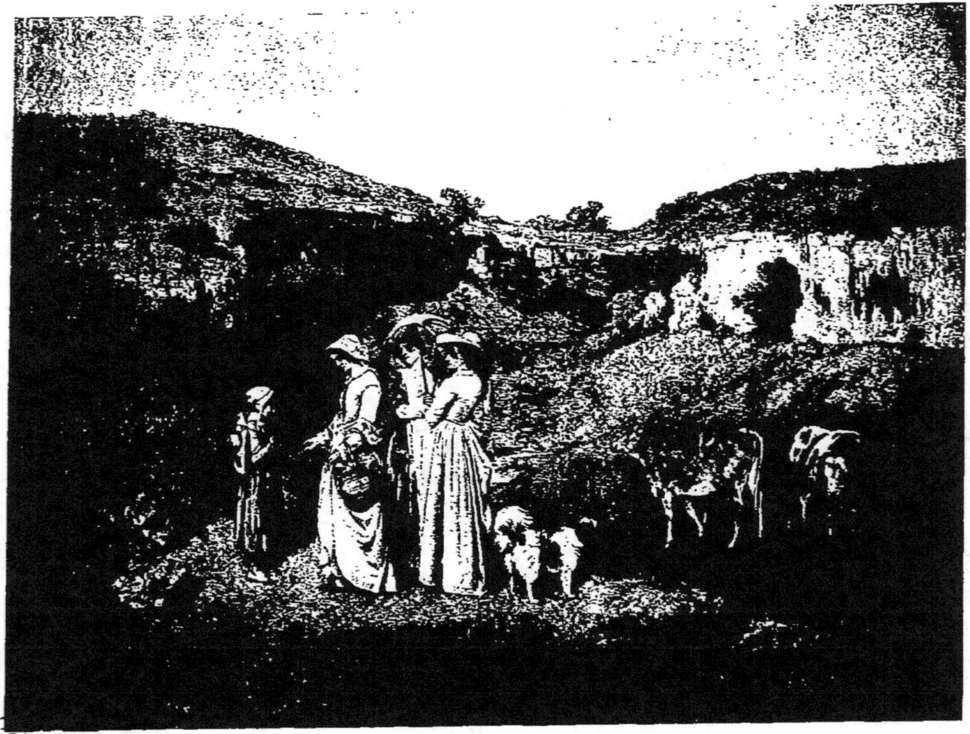

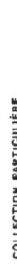

XIII. — LES DEMOISELLES DE VILLAGE

PHOT. DURAND-RUEL

COLLECTION PARTICULIÈRE

XIV. — ENVIRONS D'ORNANS

Nous avons déjà entrevu le pays natal de Courbet dans le décor de quelques-unes de ses compositions. Mais les paysages des environs d'Ornans ont fourni au peintre le sujet de plusieurs centaines d'études ou de tableaux, répartis d'un bout à l'autre de sa carrière artistique.

Dans cette région, où il ne manquait jamais d'aller se retremper entre deux séjours à Paris ou deux voyages à l'étranger, il aimait planter son chevalet devant les vallées sauvages de la Loue ou des ruisseaux du Puits-Noir et de Plaisir-Fontaine. Dès le collège, sous la direction du père Beau, son vieux professeur de dessin, il s'était exercé à copier leurs grottes, leurs cascades, leurs gorges dénudées ou boisées, leurs cirques de roches imposantes, et l'on peut dire que presque chaque année de sa carrière vit reparaître des paysages inspirés par ces sites familiers. Rappelons, parmi les plus connus, les

BORDS DE LA LOUE des Salons de 1849, 1852 et 1857, le RUISSEAU DU PUITS-NOIR de 1855 et le RUISSEAU COUVERT de 1865 (au Louvre).

C'est sans doute peu après 1850 que fut peint — ou plutôt, selon sa propre expression, que fut crépi — un des plus puissants parmi ces paysages, le massif de rochers reproduit ci-contre et qui a figuré dans la collection Vollard.

Il est assez voisin d'une autre toile de la même époque, la ROCHE DE DIX HEURES, à propos de laquelle Gautier, peu enclin cependant à sympathiser avec Courbet, engageait l'artiste à cultiver « le grand paysagiste » qui était en lui. « La Roche de dix heures — ajoutait-il en 1855 — mérite qu'on s'y arrête. Une énorme masse de grès, d'un ton argenté, projette sur un gazon d'un vert vif une ombre noire découpée crûment. Au-dessus de la roche, brille, à travers les broussailles, un petit bout de ciel bleu : il y a là un bel accent de vérité et une puissance de couleur rare. »

Il faut bien avouer que tout n'est pas du même mérite dans cette très nombreuse série de paysages des environs d'Ornans. A côté de quelques œuvres de premier ordre on trouve bien des répétitions que l'abus du couteau à palette rend lourdes et opaques. Ajoutons que les amateurs se méfient avec raison de certaines de ces toiles, faites de pratique, que l'artiste, même dans ses mauvais jours, n'aurait pas commises et qui n'ont de Courbet que le nom.

XIV. — Environs d'Ornans

PHOT. DRUET

COLLECTION PARTICULIÈRE

XV. — LES BAIGNEUSES

Les discussions reprirent de plus belle au Salon de 1853, où figurèrent LES BAIGNEUSES, LES LUTTEURS et LA FILEUSE.

La première de ces œuvres fit même scandale. L'artiste avait eu beau voiler d'un linge, sur le conseil de ses amis, les formes débordantes du personnage principal, on déclara la décence blessée autant que le goût par cette figure si peu académique. On raconte que Napoléon III, avant l'ouverture de l'Exposition, effleura la toile d'un coup de cravache, dans un geste de mépris. L'impératrice ne fut pas moins choquée. On venait de lui faire admettre avec peine que les percherons de Rosa Bonheur, dans son MARCHÉ AUX CHEVAUX, ne pouvaient avoir la croupe élégante des coursiers andalous. « Est-ce aussi une percheronne ? » demanda l'impératrice en s'arrêtant devant la Baigneuse de Courbet.

Mérimée mit en circulation une plaisanterie qui n'eut pas moins de succès, en renvoyant le jugement de la toile à M. Fleurant, du Malade imaginaire, « qui n'avait pas accoutumé de parler à des visages ». Ajoutons que Courbet venait d'avoir la mauvaise inspiration de protester assez bruyamment contre le titre d'élève de M. Hesse et s'était déclaré « l'élève de la Nature ». On peut penser de quel cœur on dauba sur cette Nature qui donnait de si mauvaises leçons.

Cependant Champfleury, Proudhon et les amis de Courbet ne furent pas seuls à proclamer le talent de l'auteur. « C'est un vigoureux artiste que ce gaillard-là ! », s'écria le peintre Tassaert. Et Paul Mantz, tout en adjurant de nouveau Courbet de ne pas aller plus loin, le louait d'arrêter par sa protestation la chute de la peinture dans l'académisme néo-grec.

« Quelle a été l'idée du peintre en exposant cette surprenante anatomie ? se demande d'abord Gautier. — A-t-il voulu... protester à sa façon contre les blancs mensonges du Paros et du Pentélique ? Est-ce en haine de la Vénus de Milo qu'il a fait sortir d'une eau noire ce corps crasseux ? » Mais l'écrivain, malgré son aversion pour cette « créature obèse, à la graisse mal distribuée, » avoue que cette « monstrueuse figure renferme des parties très fines de ton, fermement modelées. L'eau a une transparence profonde, simplement obtenue; le paysage est plein d'air et de fraîcheur, et cette toile malencontreuse prouve beaucoup de talent fourvoyé ».

« C'est moins une femme qu'un tronc de chair, un corps en grume », dit d'autre part Edmond About. Mais ce même About, après avoir dénoncé ce « scandale de nudité », convoque la postérité à venir plus tard admirer au Louvre ce morceau de résistance à côté des Dürer et des Jordaens.

LES BAIGNEUSES ne sont pas au Louvre ; mais elles ont été acquises par Bruyas, prêtées par lui à diverses expositions et léguées enfin au Musée de Montpellier.

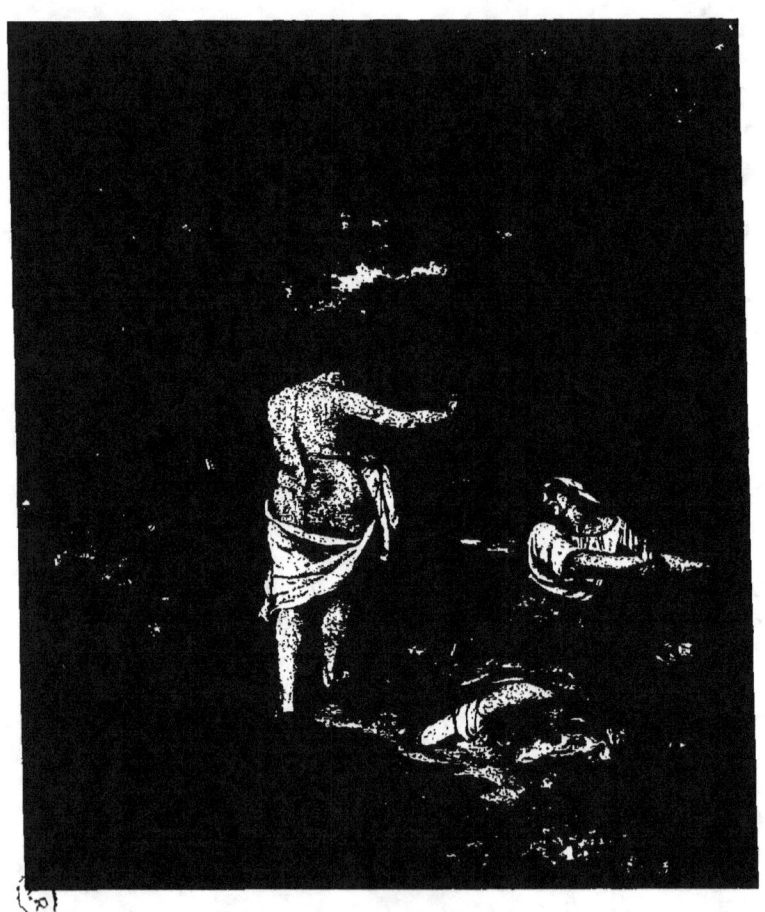

XV. — LES BAIGNEUSES

MUSÉE DE MONTPELLIER   PHOT. BULLOZ

XVI. — LES LUTTEURS

On se souvient peut-être d'une certaine NUIT CLASSIQUE DE WALPURGIS, peinte par Courbet en 1841 et mentionnée par nous à sa date. Quand le rajeunissement des jurys permit à l'artiste d'exposer cette œuvre, au Salon de 1848, elle provoqua cette exclamation prophétique de Champfleury : « Je le dis ici, qu'on s'en souvienne ! Celui-là, l'inconnu qui a peint cette NUIT sera un grand peintre ».

L'occasion ne nous manquera pas de constater la robuste confiance de Courbet en son talent, et il nous y a autorisés lui-même en se proclamant (dans une inénarrable conversation avec M. de Nieuwerkerque) « l'homme le plus orgueilleux de France ! » Nous devons donc noter ici que malgré l'éloge de Champfleury, le premier en date, croyons-nous, qui ait été imprimé sur un de ses tableaux, l'artiste jugea son œuvre avec si peu d'indulgence, qu'il la barbouilla un jour pour peindre sur la même toile une composition nouvelle.

Ce sont LES LUTTEURS (de la collection Léon Hirsch, à Chenonceaux), qui ont pris la place de la NUIT DE WALPURGIS. Ils furent exposés juste au-dessus des BAIGNEUSES dans cette salle des Menus-Plaisirs où le Salon (qui se tenait précédemment au Louvre, puis au Palais-Royal), venait de s'ouvrir en mai 1853.

Cette œuvre singulière est à consulter si l'on veut savoir combien incertaine encore est à cette époque la doctrine réaliste. Le couronnement de l'arc de l'Etoile, entrevu au-dessus de la barrière de l'Hippodrome, nous avertit que la scène se prétend moderne. Mais devant ce décor de plein air, d'une « crudité insolente », brossé à la diable, et relégué au dernier plan, sur un terrain de convention qui supporte mal le poids des figures, le peintre a construit deux académies poussées au noir, éclairées par un jour factice d'atelier. Les ombres, lit-on dans l'Artiste, sont d'un ton à réjouir les marchands de cirage.

Le maître se révèle d'ailleurs par de magnifiques coulées de pâte, de souples modelés, des raccourcis audacieux. Mais ces qualités ne sauvèrent pas l'œuvre. Delacroix, fort mal disposé pour LES BAIGNEUSES, trouve dans LES LUTTEURS le même manque d'accord entre les figures principales et le fond, qui les tue et dont il faudrait « ôter plus de trois pieds tout autour. » — « Pourquoi chercher l'ignoble ? » s'écrie Boyeldieu d'Auvigny. Tableau « repoussant » dit Horsin-Déon, et dont la présence au Salon ne s'explique pas !

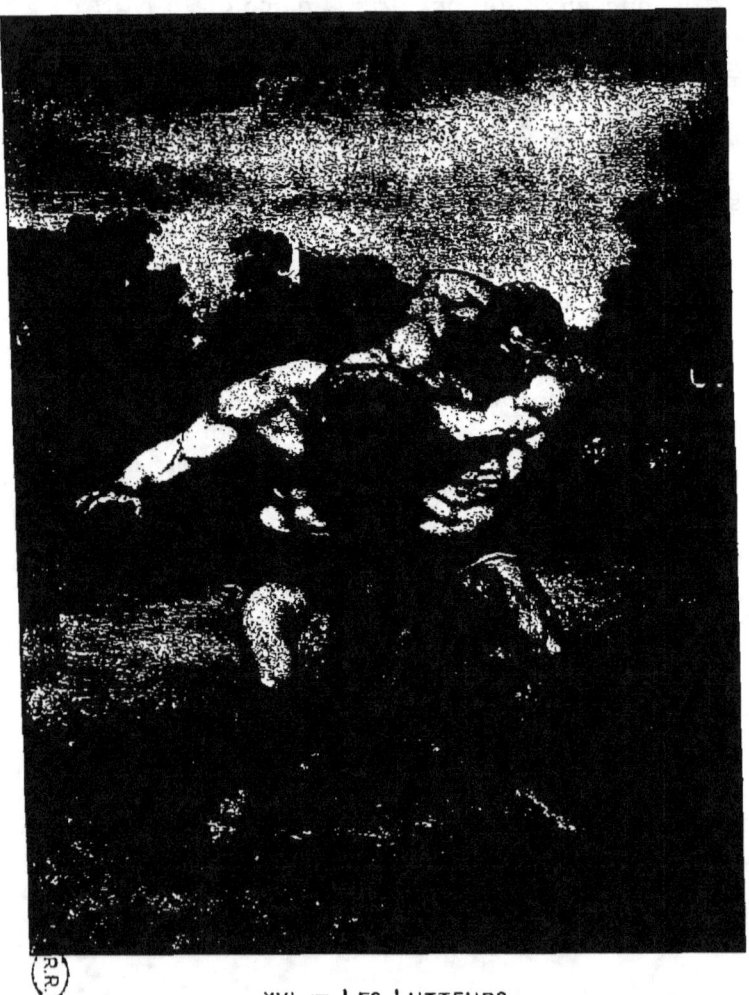

XVI. — Les Lutteurs

COLLECTION PARTICULIÈRE　　　　　　　　　　　　　PHOT. DRUET

XVII. — LA FILEUSE ENDORMIE

« LA FILEUSE sauvera l'expositon de Courbet », écrivait Champfleury à Max Buchon avant l'ouverture de ce même Salon de 1853. L'œuvre, en effet, ne rencontra pas la même hostilité que ses voisines, et tous ceux qui restaient sensibles aux qualités du peintre saisirent cette occasion de lui faire des compliments plus ou moins mitigés.

On reconnaît dans cette toile, note Delacroix dans son *Journal*, la vigueur habituelle de l'artiste et ses qualités d'imitation. Si la robe et le fauteuil sont lourds et sans grâce, le rouet et la quenouille sont admirables.

« C'est une œuvre sincère, franche, — écrit H. de la Madelène — qui ne peut effaroucher personne et qui charme bien des gens... Ce n'est pas une coquette que cette fille et elle est assez lourdement fagotée dans son gros fichu et sa robe à fleurs rouges, mais, grâces à Dieu, ce n'est pas une parisienne, et je m'en applaudis.... D'autres gens se plaindront aussi, sans doute, que LA FILEUSE ne ressemble pas à une Grecque ou à une Géorgienne. Eh ! mon Dieu ! nous n'en avons que trop de ces peintres de Grecques, et nous sommes bien heureux que quelqu'un veuille bien nous peindre les paysannes comme le bon Dieu les a faites ! L'œil se repose sur cette toile et s'y arrête volontiers, comme dans la vie, lorsqu'on quitte des poseurs ennuyeux et que l'on rencontre un personnage véridique et simple. »

Proudhon se réjouit aussi que l'artiste n'ait représenté ni une déesse, ni une grecque, ni une poupée à la mode, ni une bergère de Florian, mais une « beauté physiologique, au sang riche, à la vie puissante et calme ». Avec force développements philosophiques, il admire cette « magnifique créature... Le fil est tombé de sa main. On croit entendre sa respiration lente à la place du bourdonnement du rouet. Tous les jours elle se lève de grand matin ; elle se couche la dernière... C'est aux instants perdus qu'elle prend sa quenouille, travail minuscule dont la ténuité et le petit bruit ne sauraient tenir éveillée la robuste campagnarde. Comprenez-vous maintenant pourquoi Courbet a fait de sa fileuse une franche paysanne? Sans cela, elle serait à contre-sens; je dis plus, elle tomberait dans l'indécence... La vérité pouvait seule ici, écartant toute pensée impure, suggérer à la fois une idée et un idéal, hors desquels l'art, réduit à l'arbitraire et à l'insignifiance, disparaît ».

LA FILEUSE a souvent reparu en public, notamment à l'exposition universelle de 1855 et à l'exposition privée de 1867. Elle a été donnée par Bruyas au Musée de Montpellier.

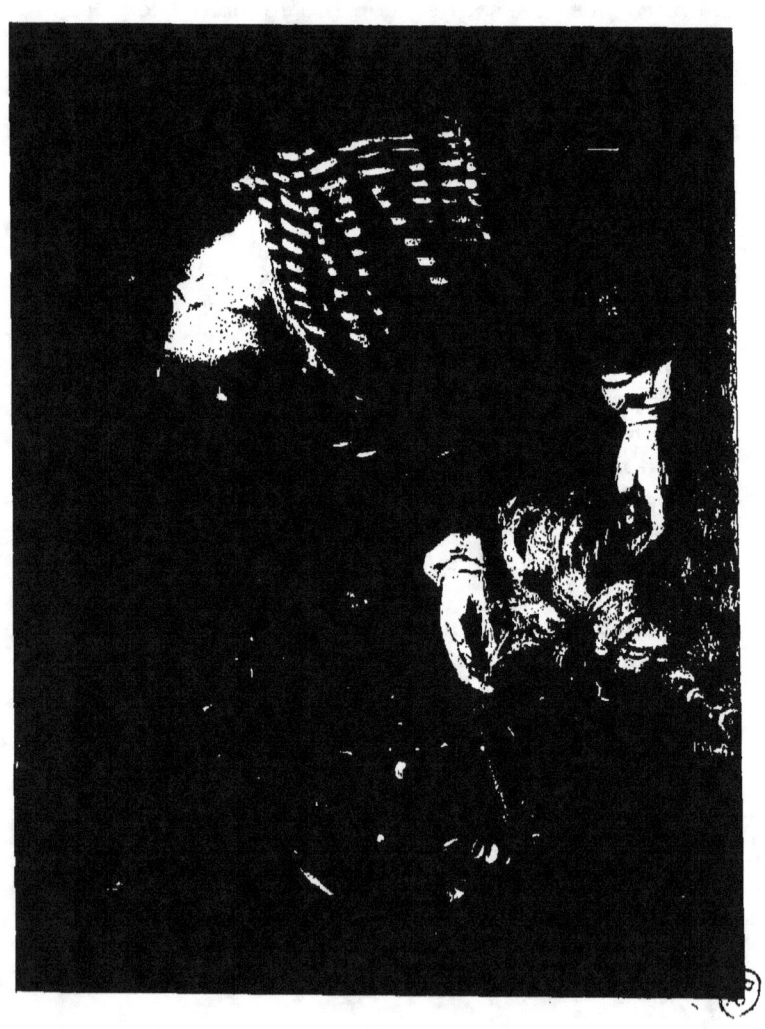

XVII. — LA FILEUSE

MUSÉE DE MONTPELLIER   PHOT. DRUET

XVIII. — BAUDELAIRE

Courbet avait le portrait « de commande » en horreur. Les femmes, disait-il, veulent des images où il n'y ait point d'ombres; les hommes veulent être habillés en dimanche. « Gagner de l'argent avec des choses comme cela, il vaudrait mieux tourner une roue; au moins on ne ferait pas abdication de sa pensée. »

Il ne restait qu'une occcasion honorable de peindre des portraits, c'était de prendre pour modèles des amis, et des amis partageant son esthétique réaliste. Par malheur, l'esthétique des amis s'écroula quand ils furent eux-mêmes sur la sellette et ils se plaignirent de leurs portraits comme de simples bourgeois. « Ils n'étaient pas beaux, s'écriait le pauvre Courbet, je ne pouvais pourtant pas les faire beaux ! »

Parmi les mécontents fut Baudelaire, que représente une curieuse toile de cette époque, entrée au Musée de Montpellier avec la collection Bruyas. La faute est-elle au caprice de la lumière, qui illumine violemment le front du poète, s'accroche sans respect au bout de son nez et laisse dans la pénombre ce visage mobile et changeant, désespoir de tous les peintres ? Est-ce le manque d'apprêt de la composition, qui ne satisfit pas le modèle ? Toujours est-il que la toile lui fit un plaisir modéré.

Charles Baudelaire, plus jeune de deux ans que Courbet, s'était lié de bonne heure avec lui. On sait que le poète des *Fleurs du Mal* et le traducteur d'Edgar Poë était aussi à l'occasion un critique d'art très écouté. On peut dire qu'il se montra partisan de Courbet avant même de le connaître, car il terminait ainsi son fameux article sur le Salon de 1845 : « Celui-là sera *le peintre, le vrai peintre, qui saura arracher à la vie actuelle son côté épique et nous faire voir et comprendre, avec de la couleur et du dessin, combien nous sommes grands et poétiques dans nos cravates et nos bottes vernies. Puissent les vrais chercheurs nous donner l'année prochaine cette joie singulière de célébrer l'avènement du neuf !* »

Les deux jeunes gens furent d'abord très liés. Courbet donna même quelque temps l'hospitalité à Baudelaire dans son atelier. Mais ils se lassèrent bientôt mutuellement de leurs excentricités. Le poète ne voulait-il pas obliger son ami à noter toutes les élucubrations qui lui échappaient dans ses griseries d'opium ?

Dès l'exposition de 1855, Baudelaire, rapprochant le dessin d'Ingres de celui de Courbet, dans une comparaison qui ne manque pas d'imprévu, distribuait des éloges également mêlés d'ironie au traditionnalisme héroïque du premier et au fanatisme naturaliste du second.

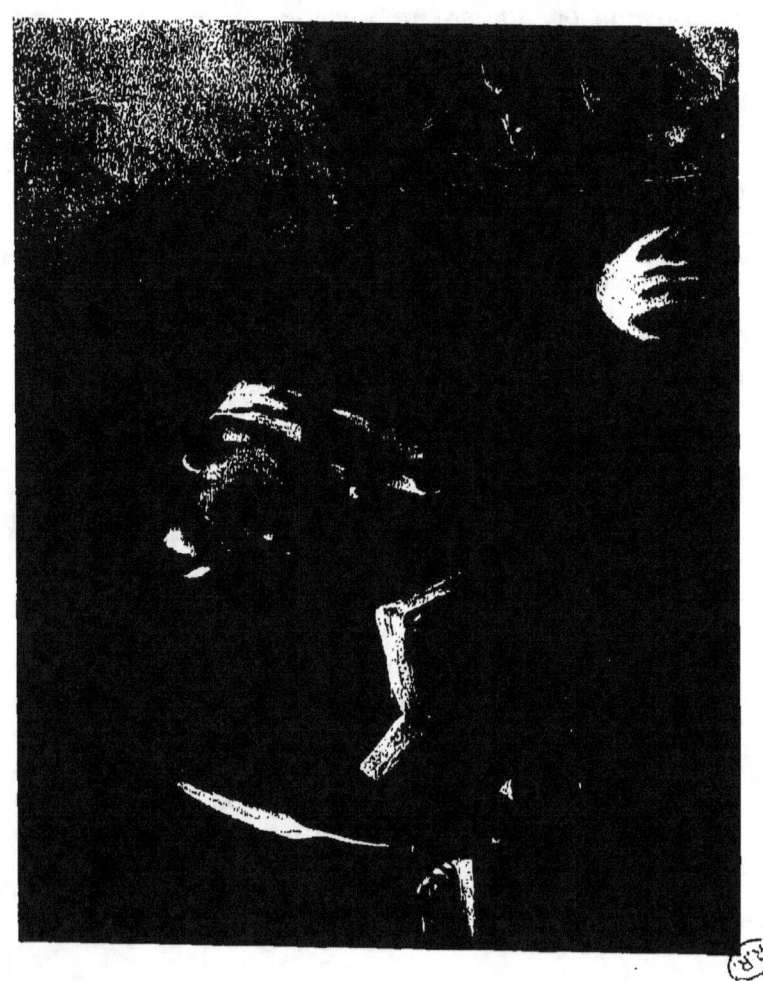

XVIII. — BAUDELAIRE

XIX. — CHAMPFLEURY

Un peu plus durable fut l'amitié de Champfleury dont le portrait, peint vers 1853, a été légué au Louvre en 1889. Jules Husson, dit Fleury, ou Champfleury, était né à Laon en 1821. Il avait abandonné sa profession de commis en librairie pour se consacrer aux lettres. Ses romans réalistes, Chien-Caillou, Les Bourgeois de Molinchart, sont souvent cités et quelquefois lus. On utilise aussi parfois ses travaux historiques sur la caricature et sur la céramique.

Les premiers tableaux de Courbet n'eurent pas de défenseur plus ardent que Champfleury. Mais dès l'apparition des BAIGNEUSES, l'écrivain témoigna de quelque inquiétude. Elle est peu visible dans ses articles, car il n'en continua pas moins à prendre en public, en toute occasion, la défense de Courbet. Mais dans ses lettres intimes, il accuse souvent l'artiste de « perdre la piste », de s'épuiser à vouloir flatter ou étonner la galerie, au lieu de rester le franc et solide franc-comtois que promettaient ses débuts.

« Depuis son exposition, écrit-il à Max Buchon en 1855, il n'a rien fait que courir les cafés, prêcher, passer les nuits... Je déplore son manque de bon sens, parce que j'aime l'homme, mais les conseils ne peuvent rien sur lui... »

... « La comédie du réalisme m'irrite — avoue-t-il au même l'année suivante. J'en suis juste à la position de Courbet comme un chat qui se sauve, traînant à sa queue la casserole du réalisme que des polissons y ont attachée... »

L'excellent historien de Courbet, G. Riat, qui a publié toutes ces lettres et que chagrine cette mésintelligence, se demande s'il n'y aurait pas, dans le cas de l'écrivain, quelques sentiments mesquins de jalousie. Champfleury est pourtant toujours prêt à l'éloge dès que son ami lui en donne l'occasion : « Je suis enchanté que Courbet travaille — écrit-il en 1864. Cet attirail de campagne lui sera bon et plus salutaire que les brasseries de Paris. La campagne doit lui faire oublier, je l'espère, le rôle de Sauveur du monde par la peinture. Il est peintre robuste, excellent peintre. Qu'il reste donc ce que la nature l'a créé : excellent peintre ! »

La brouille fut définitive enfin en 1867 : « On n'a pas été lié avec un homme, vivant près de huit heures par jour avec lui, sans l'aimer et le connaître. Quand j'ai perdu Courbet de vue, ç'a été pour m'isoler, réfléchir, étudier, travailler et tâcher de m'améliorer. Courbet a continué sa vie de noctambule.... Je suis arrivé à reconnaître que, doué de qualités considérables de peintre, il les avait laissées s'endormir dans la bière... » Et Champfleury termine par cette dure conclusion : « J'en arrive à douter de l'équilibre de son cerveau. »

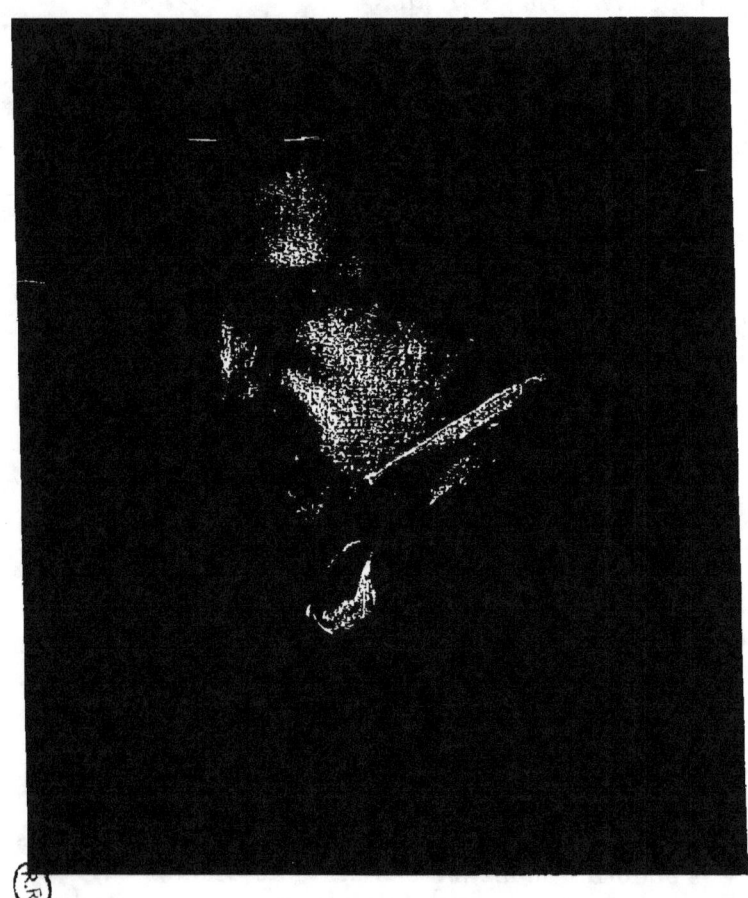

XIX. — CHAMPFLEURY

MUSÉE DU LOUVRE   PHOT. KUHN

XX. — PROUDHON ET SA FAMILLE

Un autre écrivain doit figurer dès maintenant dans la galerie des amis de Courbet. C'est vers 1848 que le peintre se lia avec Pierre-Paul Proudhon, son compatriote (il était né à Besançon) et son aîné de dix ans. A cette date, le célèbre théoricien socialiste, élu député après avoir été successivement bouvier, garçon de cave, employé d'imprimerie et commis dans une entreprise de bateaux remorqueurs, avait déjà publié ses ouvrages fameux : Qu'est-ce que la propriété ? (1840) et Solution du problème social (1848). Il développa certainement les aspirations démocratiques de Courbet et contribua à en faire un bruyant, sinon dangereux révolutionnaire. Ce qui est plus regrettable, c'est qu'avec sa manie d'attribuer un rôle moralisateur à chacun des tableaux du peintre, Proudhon a quelque part de responsabilité dans la peinture à thèse où Courbet s'égara quelquefois. Nombreux sont à notre époque les littérateurs qui nous ont privés de bonne peinture ou de bonne sculpture en voulant transformer en « penseurs » quelques-uns de nos meilleurs ouvriers. Quand on écrira les méfaits de ces mauvais conseillers, il faudra peut-être réserver une petite place à Proudhon.

Il eut bientôt l'occasion de constater que ses efforts n'avaient pas fait de Courbet un grand logicien. En 1863, nous trouvons les deux amis collaborant à une philosophie de l'art. « *C'est à crever de rire* — écrit Courbet avec quelque raison. *Je suis noyé dans les paperasses; j'écris tous les jours cinq ou dix pages d'esthétique... Nous allons enfin avoir un traité de l'art moderne arrêté, et la voie, indiquée par moi, correspondant à la philosophie proudhonienne.* »

L'ouvrage fut publié seulement après la mort de Proudhon, sous le titre *Du Principe de l'Art et de sa destination sociale*. Les idées de Courbet ne semblent pas y avoir pris la place que le peintre espérait. Le philosophe était trop peu artiste et l'artiste trop peu philosophe pour ne pas s'exaspérer mutuellement quand ils discutaient ces matières. Les jugements de Proudhon sur Courbet s'en ressentent parfois.

Le portrait de la famille Proudhon a une histoire assez compliquée. Commencé vers 1853, repris de mémoire après la mort du philosophe, il a été exposé, tel qu'il est figuré ici, au Salon de 1865. Mais la figure de Mme Proudhon, placée là à titre d'indication provisoire, en attendant une séance de pose qui n'eut jamais lieu, a été effacée depuis. L'ensemble fut jugé d'ailleurs pauvre et fade et réunit contre lui les adversaires de l'artiste et ceux de l'écrivain socialiste. Vendu 1.500 francs en 1877, ce portrait a été donné par Mlle Juliette Courbet à la Ville de Paris.

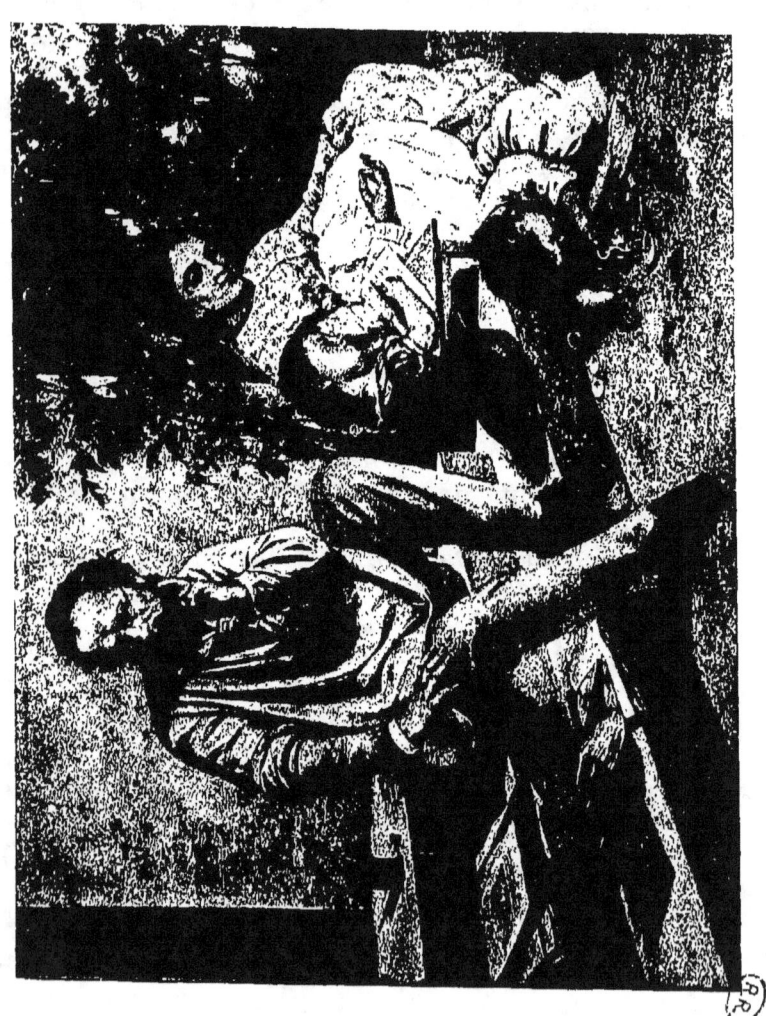

XX. — Proudhon et sa famille

XXI. — ALFRED BRUYAS

Parmi les plus actifs partisans de Courbet, Alfred Bruyas, de Montpellier (1821-1876), a droit à une mention spéciale. A Rome, où ses parents l'avaient envoyé rétablir sa santé délicate, son compatriote le peintre Cabanel l'avait mis en rapports avec les jeunes artistes de la villa Médicis, et c'est dans ce milieu sans doute que se décida sa vocation de mécène. Il consacra dès lors une partie de sa fortune, qui était belle, à former une collection d'œuvres de ses contemporains. Par donation (1868) et par testament (1878), 148 peintures, ainsi réunies peu à peu par Bruyas, ont été offertes par lui au Musée de Montpellier. On peut dire que toute l'école française de ce temps, de David à Millet, en passant par Géricault, Delacroix, Ingres, Tassaert, Corot, Diaz, Bonvin et autres, est représentée dans cet ensemble très éclectique.

Courbet y tient une place privilégiée, puisqu'il y figure avec treize toiles, dont L'HOMME A LA PIPE, LES BAIGNEUSES, LA FILEUSE, BAUDELAIRE, LA RENCONTRE. Il faut citer aussi trois portraits de l'amateur, car c'était un de ses faibles de se faire peindre à tout propos.

Champfleury, qui venait d'accepter son hospitalité, publia en 1857, dans la Revue des deux Mondes, au grand déplaisir de Courbet, une certaine *Histoire de M. T.*, dans laquelle les initiés n'eurent pas de peine à reconnaître Bruyas et son « narcissisme. » Le mécène était portraituré sur le vif avec sa barbe et ses cheveux blond roux, son nez mince, ses orbites creusées, ses yeux bleus voilés et son teint opale. Champfleury louait avec malice les mains aristocratiques au petit doigt recourbé, baguées d'une intaille précieuse, et dont Bruyas laissait volontiers admirer la blancheur. Il est discret, solitaire, alangui, ajoutait l'écrivain ; il y a en lui de la jolie femme qui s'ennuie, du mystique et du sensuel.

Théophile Silvestre, qui a publié, en 1876, un catalogue, riche en commentaires, de la galerie Bruyas, trace de l'amateur une silhouette plus flatteuse. S'il a souvent fait faire son portrait, expliquait-il, c'est qu'il voulait mettre en évidence, en donnant un même modèle à des peintres divers, ce qu'il y avait de particulier dans la facture et le tempérament de chacun d'eux.

C'est ainsi, dit-il, que Courbet a mis dans ses trois toiles, avec toute son affection pour Bruyas, un peu de sa propre vanité et de sa finauderie paysanne. Mais l'amateur laissait toute liberté à ses peintres. Dans l'un des trois portraits de lui qu'a signés Courbet, il est représenté la main sur une brochure intitulée : *Etude sur l'art moderne. Solution. Alfred Bruyas.* La « solution » consistait à ouvrir libéralement sa galerie à tous les talents, sans distinction de doctrine.

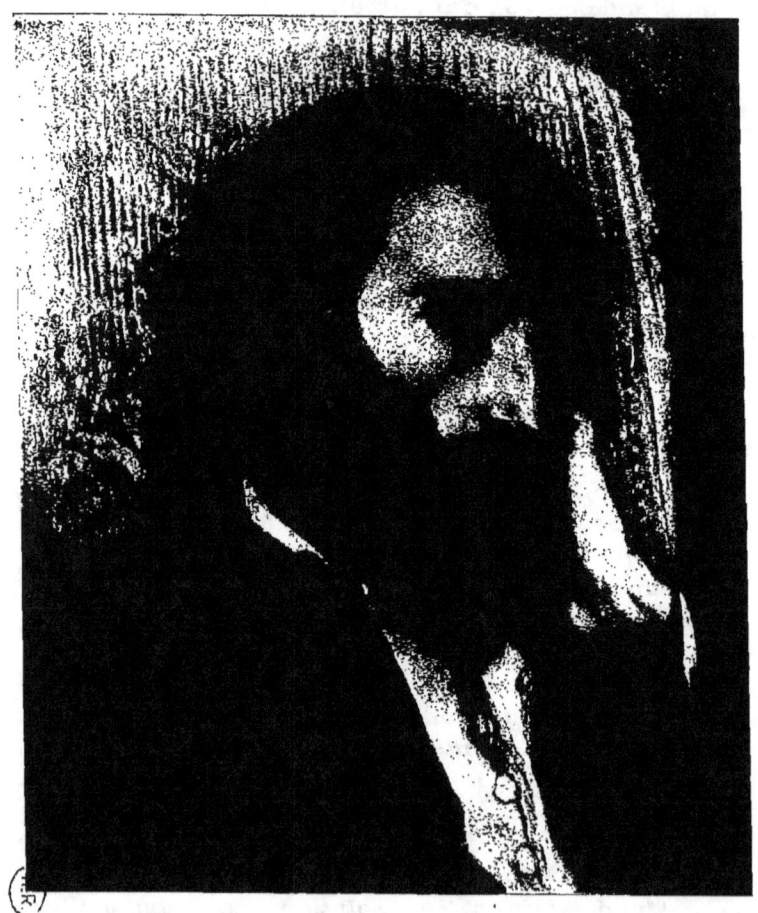

XXI. — ALFRED BRUYAS

MUSÉE DE MONTPELLIER PHOT. BULLOZ

XXII. — LA RENCONTRE

En 1854, Courbet fit un long séjour à Montpellier chez son ami Bruyas. Il revenait de Francfort, tout étourdi encore des discussions qu'il y avait provoquées. Au Casino, écrivait-il à un ami, on avait dû afficher un écriteau ainsi conçu : *Dans ce cercle, il est défendu de parler des tableaux de M. Courbet.* Chez un banquier, un soir, les invités avaient trouvé sous leur serviette un billet qui déclarait : *Ce soir on ne parlera pas de M. Courbet.*

A son arrivée à Montpellier, Courbet, sac au dos, en bras de chemise, vêtu d'un pantalon de coutil bleu, abandonna la vieille diligence à caisse jaune pour cheminer sur la route poudreuse, brûlée par un soleil éclatant. Bruyas, qui s'était avancé au devant de lui, le salua de la casquette, tandis que son fidèle serviteur Calas s'inclinait respectueusement et que le chien Breton s'arrêtait à distance. Telle est la rencontre que Courbet peignit bientôt à la demande de l'amateur et qui devint si célèbre à l'exposition universelle de 1855 sous le surnom de BONJOUR MONSIEUR COURBET ou LA FORTUNE SALUANT LE GÉNIE.

L'idée un peu singulière d'avoir grandi ce simple incident aux proportions d'un grand tableau fut certainement tout ce que remarqua le grand public.

Les chroniques des petits journaux et les revues de fin d'année y trouvèrent matière à d'inépuisables plaisanteries. On ne s'abordait dans la rue qu'en disant : Bonjour monsieur Courbet ! Les quatrains et les chansons circulèrent, et Banville, dans une de ses Odes funambulesques, promena ses lecteurs à travers une nature désolée qui disait :

> Ami, si tu me vois à ce point triste et laide
> C'est que monsieur Courbet vient de passer par là,

tandis que le chœur des herbes et des saules reprenait :

> Bonjour monsieur Courbet ! Comment vous portez-vous ?

Les plaisanteries un peu calmées, les connaisseurs admirèrent cependant la crânerie des trois portraits, plantés en plein ciel et surtout l'intensité de la lumière et la vérité du décor. « Courbet — dit Théophile Silvestre — soi-disant incapable de bien faire tout paysage qui ne lui serait pas familier, a pourtant peint, très bien peint celui de la rencontre, plein des difficultés d'un pays inconnu, pour lui surtout, accoutumé à la fraîcheur de la Franche-Comté et aux ciels variés et vaporeux du Nord... Cette végétation, roussie par les vents, poudrée par le roulage, détachée en clair par l'implacable nitescence de l'azur, lui semblait un renversement d'harmonie... quoi de plus difficile à rendre que ce terrain, presque aussi clair que le ciel, que cette route où le soleil poudroie et où l'ombre s'imprime...? »

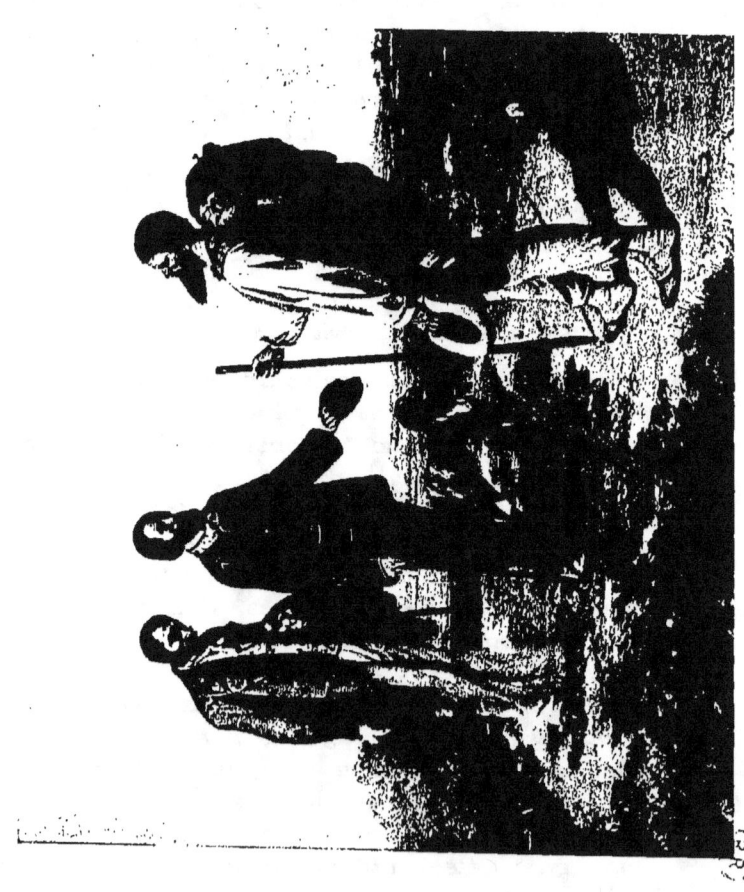

XXII. — LA RENCONTRE

MUSÉE DE MONTPELLIER

PHOT. MOREAU FRÈRES

XXIII. — LES CRIBLEUSES DE BLÉ

Le tableau avait été ébauché à Ornans à la fin de l'année 1853. Il semble que l'artiste ait voulu se dégager brusquement de sa technique habituelle. Aux fonds noirs qu'il affectionnait jusque là et dont il aimait faire surgir avec vigueur les lumières, il a substitué les tonalités les plus claires. Dans une salle ensoleillée, où les rayons se jouent sur la muraille fraîchement recrépie, il a jeté à terre un grand drap blanc. Des sacs de toile se dressent, à demi pleins, dans un coin. Le grain répandu, l'osier des paniers, le cuivre des chaudrons font chanter leurs notes d'or. Une des deux femmes, assise, trie le blé dans un plat de faïence ; agenouillée, Zoé Courbet, la sœur de l'artiste, vêtue d'une robe rousse, agite le crible ; un jeune garçon entr'ouvre le vantail d'un coffre. L'ensemble a une tonalité blonde assez imprévue.

Malgré la banalité voulue de la composition, le dessin appuyé, les formes délibérément ordinaires, la toile ne provoqua pas cette fois l'indignation. Elle fut simplement accueillie avec une indulgence un peu protectrice.

« On ne saurait refuser à M. Courbet — dit Ernest Gebaüer — le sentiment exact de certaines scènes. LES CRIBLEUSES DE BLÉ ont un caractère de vérité bien senti, mais de même que toute vérité n'est pas bonne à dire, toute vérité n'est pas bonne à peindre. Ces CRIBLEUSES n'ont rien d'assez remarquable pour faire oublier le prosaïsme du sujet. »

Théophile Gautier, qui ne demande pourtant qu'à encourager les jeunes artistes, n'est encore qu'à moitié convaincu. « M. Courbet — dit-il — a parfois de belles localités bien simples, bien larges, bien soutenues d'un bout à l'autre. Malheureusement il annihile ses qualités par un parti-pris funeste. LES CRIBLEUSES DE BLÉ, cependant, nous semblent indiquer quelque amélioration : la petite fille en jupon rouge qui soulève le van a une certaine grâce rustique ; elle est vraie comme un portrait et non comme une caricature. »

Le sage Paul Mantz va un peu plus loin dans l'admiration. C'est à tort, dit-il, que personne ne parle des CRIBLEUSES, car c'est là un souvenir heureux de réalité en même temps qu'une peinture ferme et savante.

La toile reparut à diverses expositions régionales, notamment à Nantes où elle fut achetée 3.000 francs en 1861. Elle a figuré en 1900 à la Centennale de l'Art français.

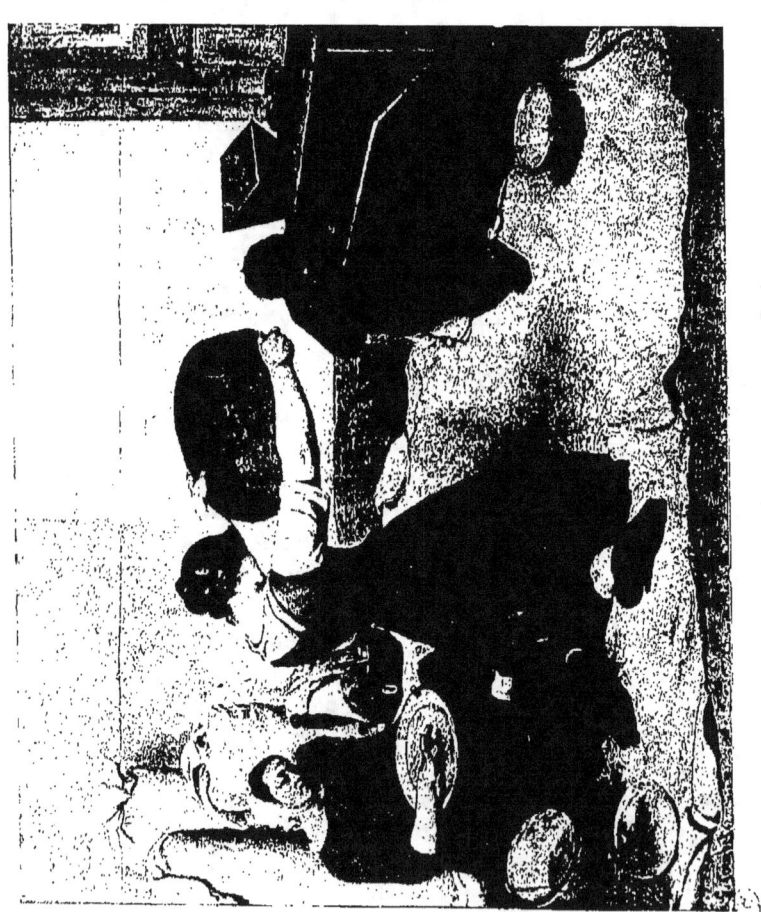

XXIII. — Les Cribleuses de Blé

XXIV. — LE CHATEAU D'ORNANS

A côté des CRIBLEUSES DE BLÉ, de LA RENCONTRE, acceptée avec peine parce qu'on l'avait jugée, raconte Courbet lui-même, « trop personnelle et trop prétentieuse », l'artiste put faire figurer à l'exposition universelle de 1855 une certaine DAME ESPAGNOLE dont il avait fait la connaissance à Lyon. On avait accepté aussi quelques toiles antérieures comme LES CASSEURS DE PIERRES, LES DEMOISELLES DE VILLAGE, LA FILEUSE, deux portraits de lui-même. Il avait exposé enfin trois paysages de Franche-Comté : LA ROCHE DE DIX HEURES, LE RUISSEAU DU PUITS-NOIR (à ne pas confondre avec la toile du Louvre qui porte à tort ce titre), et LE CHATEAU D'ORNANS, reproduit ici.

Sous ce nom, qui a intrigué quelques critiques, on désignait dans son pays natal le groupe de maisonnettes bâties au-dessus du bourg, sur l'emplacement de l'ancien château. Perchées sur la roche grise, au-dessus de la vallée humide et verte, elles se détachent dans un décor d'une ampleur et d'un calme moins exceptionnel qu'on ne pourrait le croire dans l'œuvre de l'artiste.

Cette toile, gravée par Gaujean dans la Gazette des Beaux-Arts en 1878, appartenait alors à la collection Laurent Richard. Elle a passé depuis en Amérique.

Malgré l'importance de cet ensemble, il s'en fallait que Courbet fût représenté suivant ses désirs. Moins libéral que le jury de 1850, celui de 1855 refusa L'ENTERREMENT. Il écarta aussi une nouvelle toile, L'ATELIER, que nous allons retrouver bientôt. Il faut dire que, quelques mois auparavant, l'artiste avait saisi une bonne occasion de mécontenter les milieux officiels. Adoptons sa propre version d'après une lettre à Bruyas, publiée dans les *Archives historiques, artistiques et littéraires* de 1890-91.

Par l'entremise de Chenavard et de Français, M. de Nieuwerkerque, directeur des Beaux-Arts, avait invité Courbet à un déjeuner de conciliation. Il s'agissait de « convertir » l'artiste et d'obtenir qu'il « mit de l'eau dans son vin. » On lui promettait en revanche une belle place à l'exposition pour tel grand tableau de lui qu'il voudrait bien soumettre au préalable à un comité officieux. Courbet répondit à ces avances sur un ton qui mit fin aux pourparlers. On eut beau lui faire ressortir les égards dus au gouvernement, « et moi aussi — s'écria-t-il — je suis un gouvernement ! » Après avoir assuré à M. le Directeur qu'il ne lui en voulait pas, Courbet pria ses confrères de croire qu'ils étaient deux imbéciles. « Ensuite, conclut-il, nous allâmes boire de la bière. »

Nous allons voir que Courbet ne garda pas rancune en effet à ses interlocuteurs de leurs témoignages plus ou moins heureux de bienveillance.

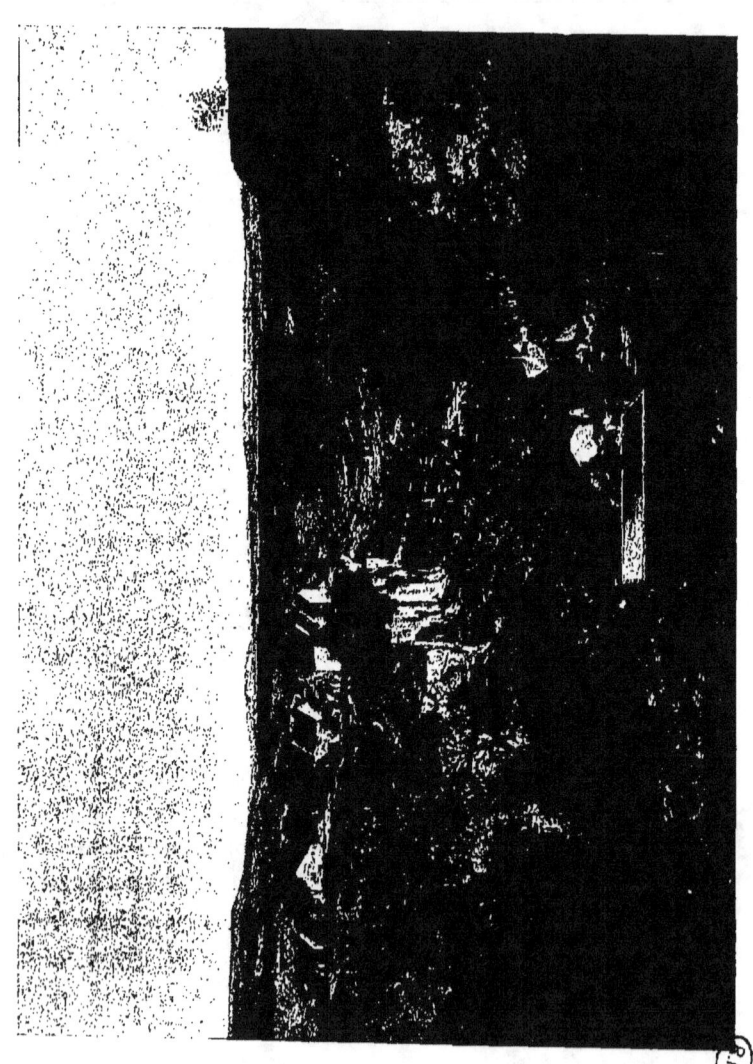

XXIV. — LE CHATEAU D'ORNANS

XXV. — L'ATELIER

Peu avant l'ouverture de l'exposition, au début de l'année 1855, Courbet se souvint tout à coup des bonnes dispositions de M. de Nieuwerkerque et il écrivit à son ami Français une longue lettre très pressante pour lui demander d'obtenir du gouvernement quelques petites faveurs. Il s'agissait notamment d'avoir droit à un délai supplémentaire de quinze jours pour l'envoi de la grande composition qu'il venait d'entreprendre. « C'est un tableau de la dimension de L'ENTERREMENT, si plus ne passe, avec trente personnages grands comme nature. Enfin, j'ai perdu trois mois par maladies... Tu voudrais peut-être savoir le sujet de mon tableau ; c'est si long à expliquer que je veux te le laisser deviner quand tu le verras : c'est l'histoire de mon atelier, ce qui s'y passe moralement et physiquement. C'est passablement mystérieux ; devinera qui pourra. » (Collection d'autographes d'artistes conservés à la bibliothèque Doucet.)

Le titre de l'œuvre n'apporta pas à ce mystère de grands éclaircissements : L'ATELIER DU PEINTRE. ALLÉGORIE RÉELLE DÉTERMINANT UNE PHASE DE SEPT ANNÉES DE MA VIE ARTISTIQUE. Il faut recourir aux informations et aux commentaires de G. Riat pour interpréter toutes les intentions qui se cachent dans cette composition singulière.

Au milieu de son atelier, l'artiste peint un paysage de Franche-Comté, sous l'œil admirateur d'un petit berger comtois et d'une belle femme nue. (C'est l'Art personnel et réaliste de Courbet.)

Dans le groupe de gauche, un braconnier et son chien (la Chasse) regardent avec mépris un sombrero, une guitare et un poignard (la Poésie romantique). Plus loin, une tête de mort sur le Journal des Débats symbolise la Presse, tandis que la Misère est incarnée dans une irlandaise affalée à terre. Un mannequin lamentablement lié à un poteau représente l'Art académique, au second plan le vigneron Oudot (le Travail) est entouré par la foule des exploiteurs de l'humanité : un brocanteur juif (le Commerce), un paillasse (le Théâtre), un prêtre (la Religion catholique), une prostituée (la Débauche). Avec quelque attention, on reconnaîtra de même la Religion hébraïque, la Mort, le Chômage, etc...

A droite, les amis et les auxiliaires de l'artiste : quelques-uns, anonymes, comme la famille du premier plan qui incarne les Amateurs mondains, ou le couple qui s'embrasse près du chambranle de la fenêtre (l'Amour libre); mais on reconnaît aussi Baudelaire (la Poésie), Champfleury (la Prose), Proudhon (la Philosophie sociale), Promayet (la Musique), Max Buchon (la Poésie réaliste) et Bruyas (le Mécène de la peinture réaliste).

Il fallait être Courbet pour s'imaginer que l'on pût s'appliquer sérieusement à déchiffrer cet extraordinaire logogriphe. Malgré les qualités de premier ordre de sa peinture, L'ATELIER fut refusé à l'exposition et l'artiste dut chercher un autre moyen de faire connaître son œuvre au public.

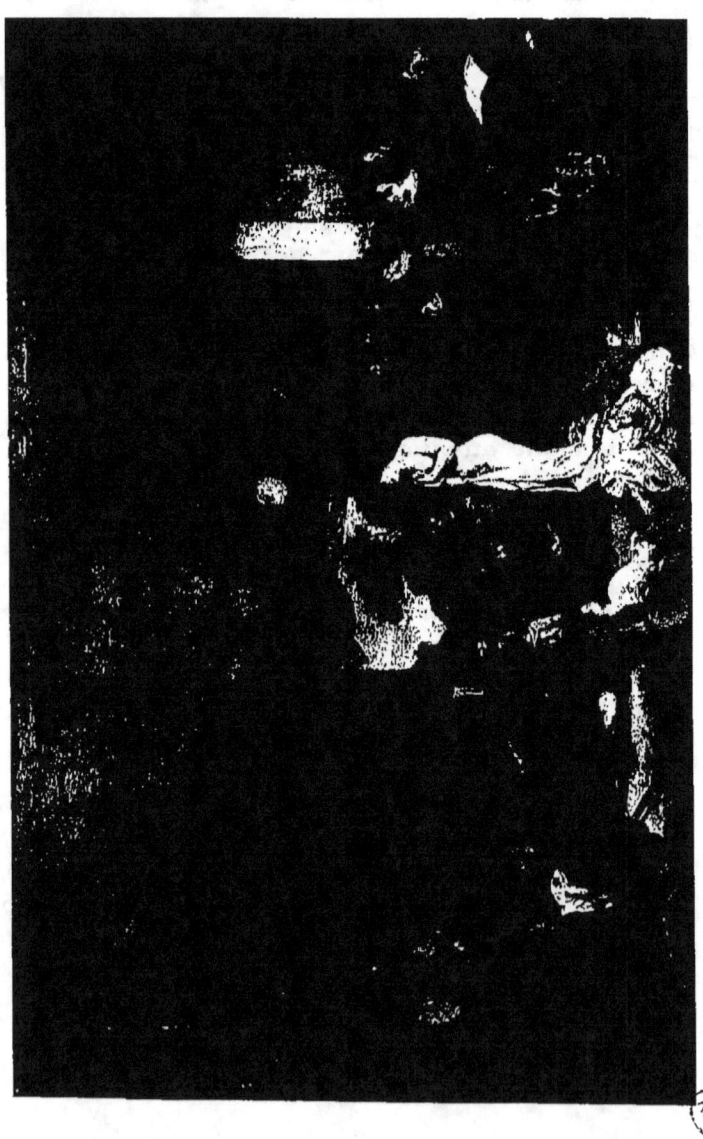

XXV. — L'ATELIER

COLLECTION PARTICULIÈRE PHOT. DRUET

XXVI. — L'ATELIER (suite)

Le refus de L'ENTERREMENT et de L'ATELIER réveilla en Courbet un désir qui le hantait depuis longtemps, celui d'organiser une exposition particulière de ses œuvres. Bruyas, à qui il réservait dans son projet le rôle de bailleur de fonds, n'avait témoigné jusque là qu'un médiocre enthousiasme. Mais Courbet ne s'embarrassait pas de si peu. Avec une sérénité et un optimisme imperturbables, il annonça à Bruyas qu'il n'avait pu résister plus longtemps aux instances de ses amis et que l'exposition privée allait avoir lieu au 7 de l'avenue Montaigne : « Cela me coûtera 10 ou 12.000. J'ai déjà le terrain avec une location de 2.000 pour 6 mois. La construction me coûtera 6 ou 8.000. Ce qu'il y a de curieux, cet emplacement est enclavé dans le bâtiment même de leur exposition... J'ai déjà les 6.000 que vous m'avez donnés. Si vous voulez me faire une reconnaissance de ce que vous me devez encore, et m'envoyer LES BAIGNEUSES, je suis sauvé ; je gagne 100.000 francs d'un seul coup ».

Après avoir vécu plusieurs semaines dans la fièvre et dans l'enthousiasme, après être « tombé en extase » devant son monument, Courbet ouvrit enfin les portes le 28 juin 1855. Au dessus de l'entrée s'étalait l'inscription suivante :

LE RÉALISME

G. COURBET

EXHIBITION DE 40 TABLEAUX DE SON ŒUVRE

PRIX D'ENTRÉE : 1 FRANC

Le principe d'une exposition particulière à côté des Salons parut à cette heureuse époque une étonnante nouveauté. Gautier s'étonna de voir le Réalisme installé dans une baraque et Maxime du Camp se déclara choqué de voir le boniment de l'artiste à la quatrième page des journaux entre les dragées vermifuges et l'essence de salsepareille. La sagesse habituelle de Paul Mantz remit les choses au point : le peintre était dans son plein droit en se faisant connaître à ses risques et périls, puisque le jury lui avait refusé une œuvre « sincèrement, loyalement peinte et pleine de qualités honorables. »

A propos de ce tableau capital, Delacroix, que tout éloignait cependant de Courbet, est plus explicite encore. Il n'aime guère l'ensemble de la composition et il reproche au paysage qui en occupe le centre d'être peint aussi vigoureusement que les personnages qui l'entourent. Mais il n'a pas assez d'éloges pour la figure du modèle, un des plus beaux nus en effet qu'ait peints Courbet. « On a refusé là — conclut-il dans son journal — un des ouvrages les plus singuliers de ce temps, mais ce n'est pas un gaillard à se décourager pour si peu. »

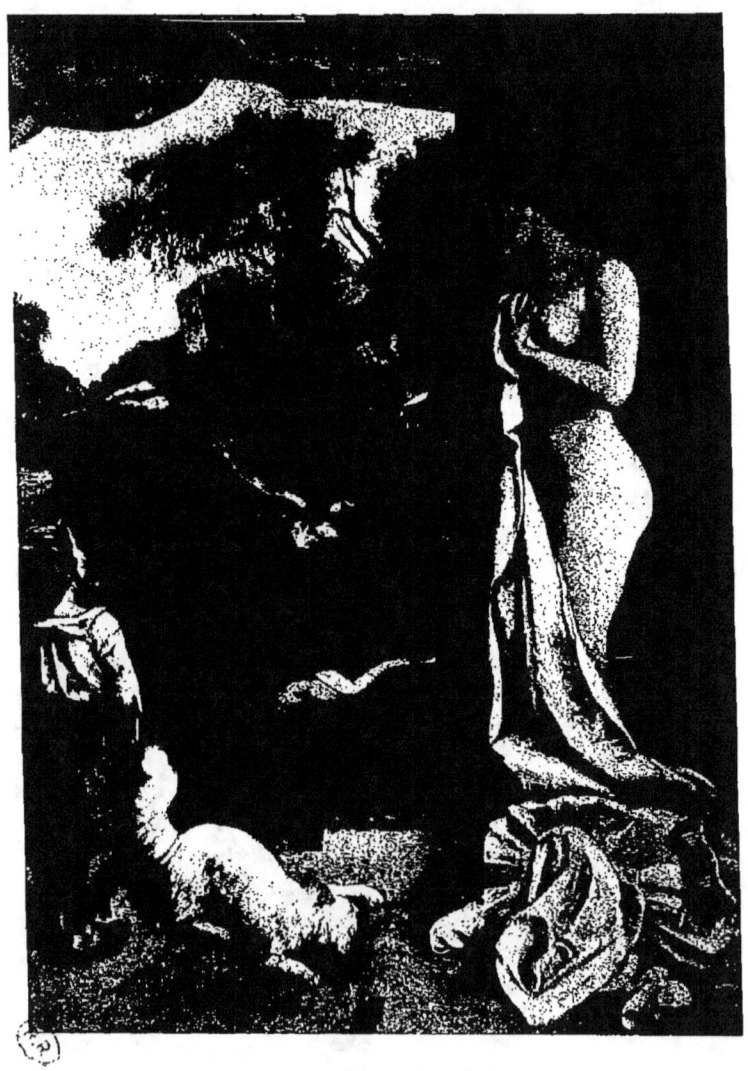

XXVI. — L'Atelier (fragment)

COLLECTION PARTICULIERE PHOT. DRUET

XXVII. — COURBET AU COL RAYÉ
(ÉTUDE POUR L'ATELIER)

« Cette tête d'étude de Courbet par Courbet, pour un tableau de Courbet, est un des meilleurs morceaux de lui ; et, sans contredit, encore plus fort que L'HOMME A LA PIPE, autre bon Courbet. Ce beau profil fut peint à Montpellier, chez M. Bruyas, au moment le plus heureux de la carrière du peintre, encore contenu, mais déjà prêt à se jeter à corps perdu dans toutes les absurdités...

« Que ce profil est bien ! que c'est bien là Courbet, le Courbet d'alors, le vrai, le seul, l'unique ! Encore naïf, tout joyeux de tout, surtout d'être Courbet ; parfois spirituel sans la moindre culture d'esprit, presque charmant, même en son égoïsme et ses rodomontades. Ah ! qu'il était beau et bon garçon en ses lourdeurs naturelles et ses malices ensabotés ; encore tempérant, non de langue, mais de gosier, et relativement correct, quoique déjà très estaminetier, très noctambule, trop bruyant et rieur, rieur à se tordre, riant de rien, riant de tout, même à la procession, riant aux éclats, parfois entendus de la grille au château d'eau du Peyrou et d'un bord à l'autre bord de l'Esplanade.

« C'était une physionomie des plus attirantes, malgré ce front bas, ce crâne conique, comme moulé dans la calotte d'Ingres ou dans le pétase d'Ulysse. Oui, ce Courbet d'alors, si finement et si fermement modelé, est peint comme un Vélasquez, mais avec cette violente coquetterie du Moi, dont certains détails stupéfient... Peut-être Courbet s'est-il ainsi décolleté en attendant la Belle Inconnue brûlant pour lui, folle de ses ouvrages, par lui si longtemps cherchée dans tout Paris, mais n'ayant jamais existé que dans son imagination, et par la charge d'un de ses amis, qui mourait de rire.

« Quelles bonnes raisons Courbet n'avait-il pas, d'ailleurs, de s'aimer infiniment plus que de se connaître ? Sa renommée d'abord, ensuite son idée; enfin son miroir : un teint blanc, satiné et légèrement bistré, encore inaltéré et de la plus rare finesse, de fort aimables traits, entre autres un joli nez, des yeux de velours, l'oreille petite..., enfin une chevelure soyeuse, noire comme l'aile du corbeau... Enfin, ce beau, ce mémorable profil, c'est Courbet, l'ineffable Courbet.... Sauf quelques réserves de métier, surtout d'intelligence et de goût, voilà le superlatif de ce talent présomptueux, si justement vanté en maintes choses malgré ses côtés affligeants. »

Ce malicieux commentaire de Théophile Silvestre ajoute tant de vie au beau portrait de la collection Bruyas qu'on nous pardonnera sans doute de l'avoir reproduit ici presque in-extenso.

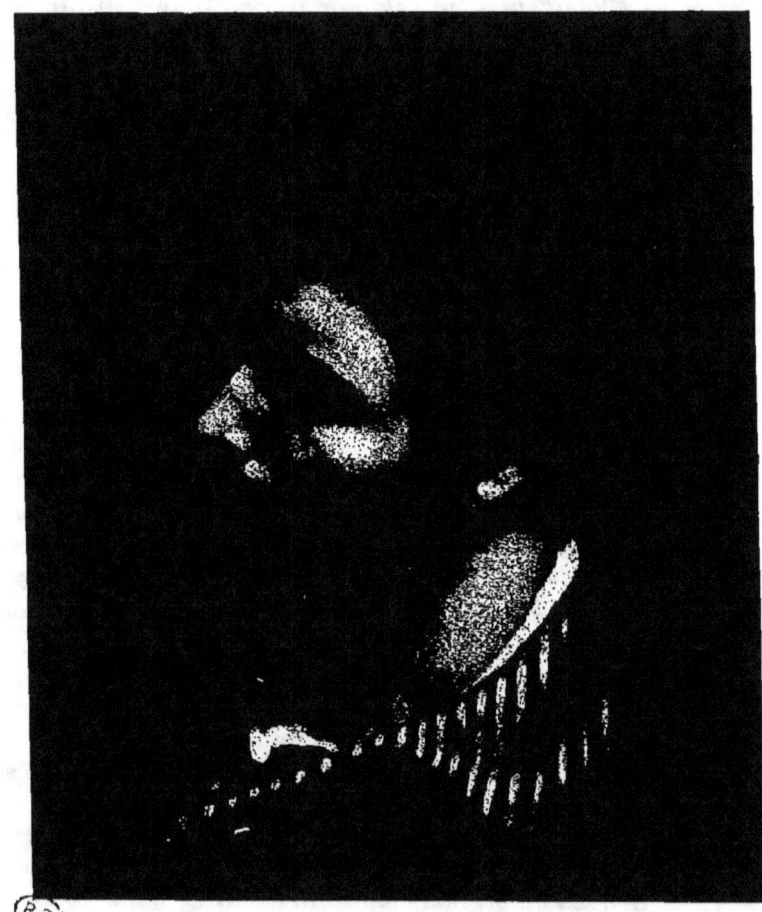

XXVII. — COURBET AU COL RAYÉ

MUSÉE DE MONTPELLIER
PHOT. BULLOZ

XXVIII. — L'ATELIER (fin)
LA BAIGNEUSE ENDORMIE

Ce qui est assez singulier, dans la manifestation de 1855, c'est que l'artiste se défendait lui-même contre l'étiquette qu'il venait d'arborer. « *Le titre de réaliste*, — disait-il dans la préface de son catalogue, rédigée avec l'aide de Castagnary — *m'a été imposé comme on a imposé aux hommes de 1830 le titre de romantiques. Les titres en aucun temps n'ont donné une idée juste des choses; s'il en était autrement, les œuvres seraient superflues.* » Et quand il cherche cependant une formule pour expliquer ses intentions, voici ce qu'il trouve de plus précis : « *Être à même de traduire les mœurs, les idées, l'aspect de mon époque, selon mon appréciation, être non seulement un peintre, mais encore un homme, en un mot faire de l'art vivant, tel est mon but* ».

La saine doctrine qui est au fond de ce manifeste y prenait une forme trop confuse pour ne pas renouveler l'éternel malentendu (il dure encore) entre partisans et adversaires du réalisme. Les discussions, le jour du vernissage, furent, au dire des témoins, un des spectacles les plus comiques auxquels il fut donné d'assister : classiques et modernes, bohèmes et bourgeois, après s'être toisés d'abord en silence avaient peu à peu haussé la dispute à un tel diapason que Champfleury — il en avait pourtant entendu bien d'autres — rentra chez lui fourbu et « ne comprenant plus rien aux arts. »

Les lendemains furent moins gais : les visiteurs se faisaient de plus en plus rares et, malgré l'abaissement du prix d'entrée à 50 centimes, le Réalisme ne faisait plus recette. Le pauvre Courbet était loin des 100.000 francs qu'il s'était promis.

Ne quittons pas l'exposition de 1855 sans rapprocher du beau nu de L'ATELIER une étude qui mérite de lui être comparée par sa liberté magistrale, par l'heureuse souplesse, la fraîcheur éclatante de certains modelés. (Récemment dans la galerie Bernheim jeune.) Il n'est pas certain qu'elle ait figuré à côté de la grande toile à l'Exhibition de l'avenue Montaigne, car les innombrables Baigneuses et Dormeuses de Courbet ne sont pas faciles aujourd'hui à identifier, mais il est évident qu'elle date de la même période et qu'elle est peinte d'après le même modèle.

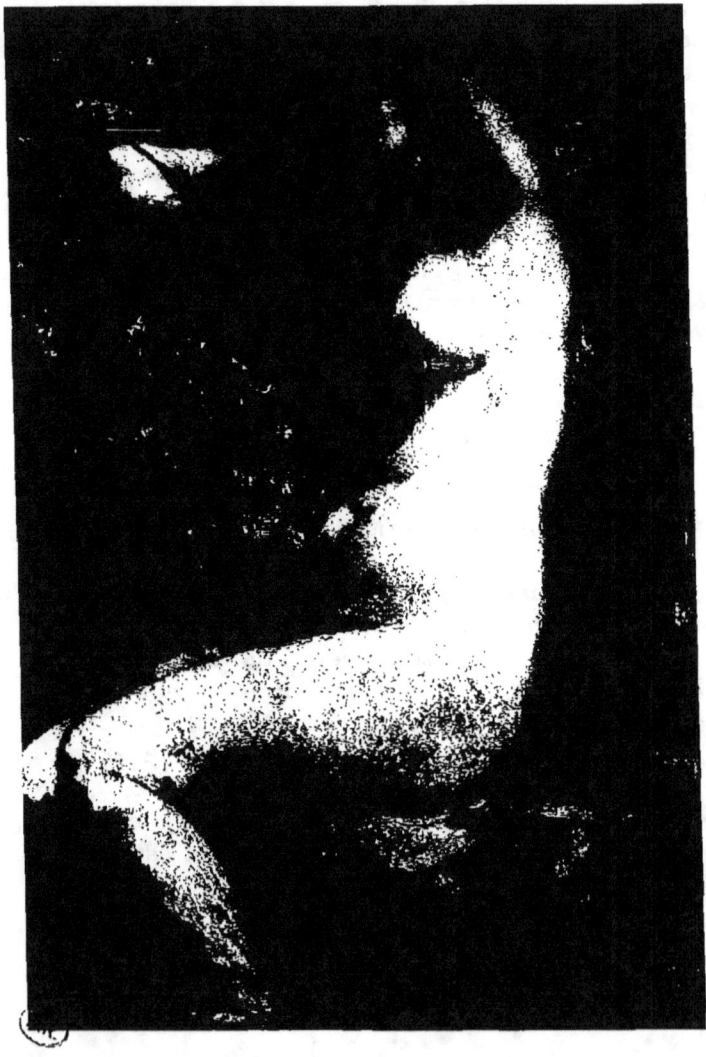

XXVIII — BAIGNEUSE (ÉTUDE)

XXIX. — Mme MARIE CROCQ

Quand Courbet reparut devant le public en 1857, il avait du moins acquis la réputation d'un ouvrier incomparable. Mais les critiques semblèrent s'être donné le mot pour lui interdire de plus hautes ambitions.

« Pour M. Courbet — dit Georges Niel — la vie est toute matérielle ; il voit l'enveloppe et non l'âme. »

« Si l'habileté matérielle suffisait en art — écrit Maxime du Camp — M. Courbet ne mériterait que des éloges, car il peint matériellement comme depuis longtemps on ne peint plus en France... Chez lui, la main est d'une inconcevable habileté, mais l'âme manque absolument... Quels que soient ses sujets, c'est toujours de la nature morte. »

« Sa brosse est vigoureuse, sa couleur solide, son relief quelquefois surprenant... — reconnaît Castagnary, qui allait bientôt devenir l'admirateur le plus dévoué du peintre ; — il rend bien, en un mot, ce qui se voit. Mais il ne va pas au-delà... »

Plus sévère encore, W. Flauer déclare : « M. Courbet n'est pas plus un peintre que celui qui sert les maçons n'est un architecte. On lui a reconnu une truelle distinguée et je conviens volontiers que sa peinture est gâchée serré. Mais ce n'est pas même la moitié de l'exécution, et l'exécution toute entière ne fait pas encore un artiste ».

« ...S'il peint une tête, dit Zacharie Astruc, on

prend le nez du doigt, on peut jouer avec le modelé du visage... Ses peintures sont des monuments bien bâtis... » Mais il y a du laisser-aller et de l'incurie dans la conception de l'ensemble.

About, enfin, consacre à la technique de Courbet une étude des plus intéressantes, fort longue d'ailleurs et qui mériterait mieux que le résumé auquel il faut se borner ici. Courbet, déclare l'écrivain, « se jette sur la nature comme un glouton; il happe les gros morceaux, et les avale sans mâcher, avec un appétit d'autruche. Il saisit la nature non par les côtés les plus intimes, mais par les plus apparents... Sa théorie pourrait se formuler ainsi : tous les objets sont égaux devant la peinture. En vertu de ce principe, il fait non des tableaux, mais des études.. Franc, loyal, puissant, solide, M. Courbet est entré plus avant qu'aucun de ses contemporains dans l'énergie de l'énoncé. Ses tableaux ont le sublime du trompe-l'œil; mais comme il reste, malgré tout son talent, un dessinateur fort ordinaire, il passe, à son insu, à côté de toutes les délicatesses de l'art ».

En regard de ces jugements, plaçons une œuvre de cette date (1857), qui semble une des plus magistrales par son exécution vibrante et forte, le portrait de Mme MARIE CROCQ. L'histoire de cette toile est d'ailleurs mal connue. Nous croyons qu'elle a figuré en 1867, sous le nom de Mme M... C... dans l'exposition privée de l'artiste. Elle a quitté récemment pour Bruxelles la galerie de M. Durand-Ruel.

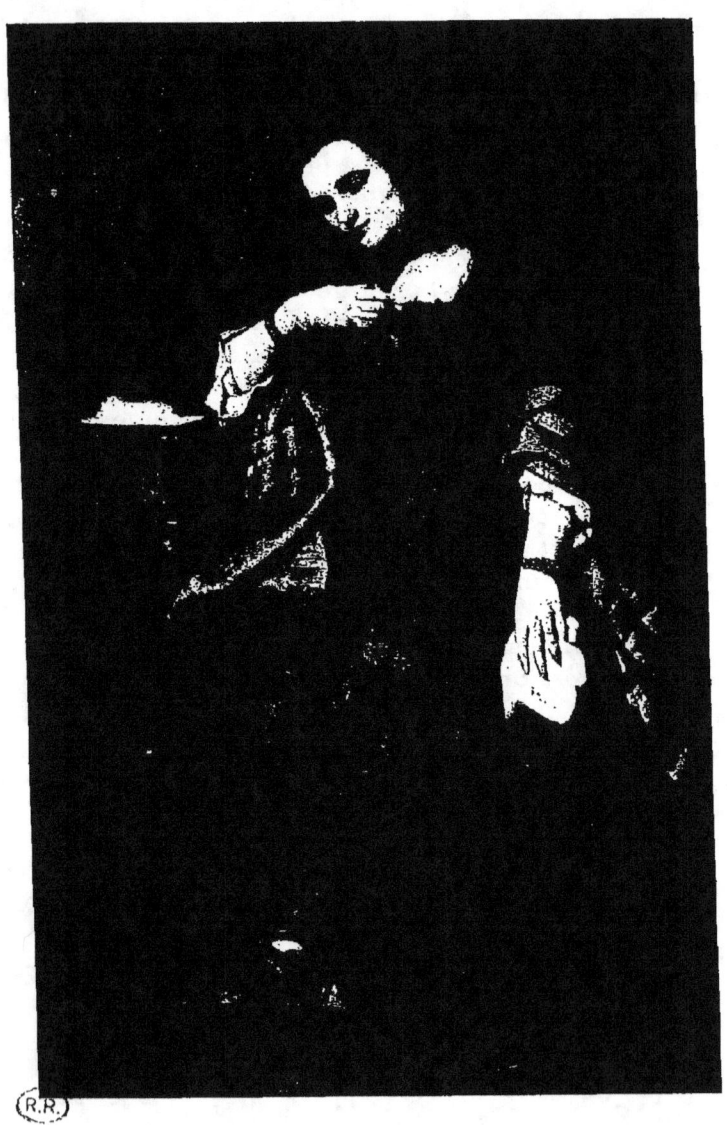

XXIX. Mme Marie Crocq

XXX. — LES DEMOISELLES DE LA SEINE

C'est dans les parages de Bougival que nous transporte ce tableau, et c'est cependant à Ornans, où l'artiste oubliait les soucis de l'Exhibition, que furent ébauchées en 1856 LES DEMOISELLES DU BORD DE LA SEINE. La toile fut terminée à Paris et exposée au Salon de l'année suivante.

Si nous pouvions suivre Proudhon, nous ferions avec lui dans ce tableau bien des découvertes sociales, morales et psychologiques : nous y lirions la condamnation du second empire ; nous reconnaîtrions dans la belle brune du premier plan une Phèdre qui rêve d'Hippolyte, une créature aux passions tantôt concentrées, tantôt bondissantes, jamais assouvies, un vampire! Nous serions tentés d'éteindre au prix de tout notre sang l'incendie qui la consume! Nous fuirions alors pour éviter la métamorphose dont nous menace cette Circé. Nous verrions ensuite dans son amie aux blonds cheveux une froide ambitieuse, experte à acquérir de bons titres de rente et à faire fructifier de solides valeurs... Mais il faudrait tripler l'étendue de cette notice pour dire tout ce que Proudhon lisait couramment dans ce vigoureux morceau de peinture.

Le commentaire de Maxime du Camp serre le tableau de plus près. « LES DEMOISELLES... — dit-il — sont deux créatures qui, sans doute, sont sorties le matin même de la rue de Lourcine et *qui, dans huit jours, y retourneront. Elles sont vautrées sur l'herbe, près de la rivière. L'une, appuyée contre un arbre, dort en soutenant sa tête avachie sur un gros bras mollasse; l'autre, couchée aplatie sur le ventre... montre au spectateur un visage verdâtre et malsain, troué de deux yeux impudents... Ces deux espèces, d'un dessin plus que douteux, apparaissent comme un paquet d'étoffes, très réussies du reste, d'où sortent des bras et des têtes; le corps est absent..., c'est un ballon dégonflé. Le bras de la femme couchée, le châle qui recouvrent les parties absentes de son corps sont des chefs-d'œuvre d'adresse et prouvent que si M. Courbet n'avait pas de parti-pris, il pourrait devenir un peintre sérieux. Pour établir une agréable harmonie avec ses premiers plans verdâtres, M. Courbet a peint la Seine en bleu! La Seine azurée! aux bourbeux environs de Paris! O réalisme, voilà de tes coups!* »

Nous pouvons abréger les apostrophes traditionnelles de ceux qu'indigne le nouveau « défi » de l'artiste, et les lamentations de ceux qui s'apitoient sur son talent dévoyé. Un discours de Fould, ministre d'état, prononcé à l'issue du Salon, exprime avec plus d'autorité la tristesse officielle : « *L'art — disait-il — est bien près de se perdre lorsque, abandonnant les pures et hautes régions du beau et les voies traditionnelles des grands maîtres pour suivre les enseignements de la nouvelle école du réalisme, il ne cherche plus qu'une imitation servile de ce que la nature offre de moins poétique et de moins élevé...* »

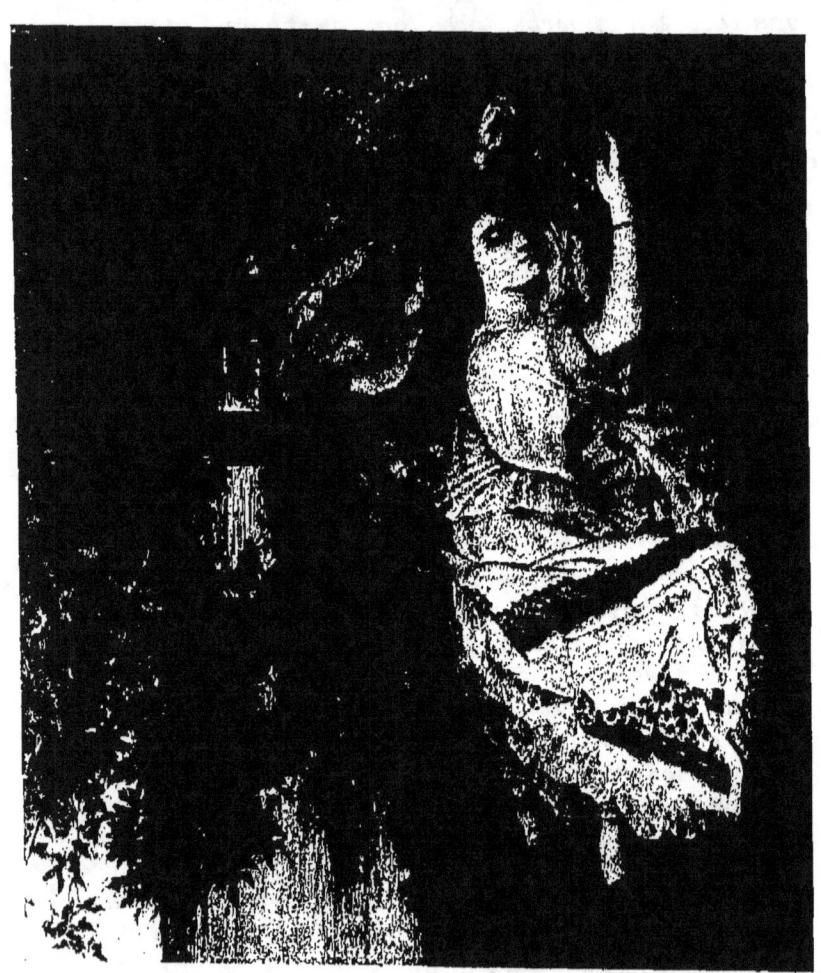

XXX. — LES DEMOISELLES DU BORD DE LA SEINE

XXXI. — CHIENS ET LIÈVRE

Au Salon de 1857, Courbet avait aussi, outre un paysage et deux portraits, deux scènes de chasse, les premières exposées d'une série qu'il ne cessa d'enrichir dans la suite.

LA BICHE FORCÉE A LA NEIGE (Collection de M. le comte Douville-Maillefeu) a été souvent reproduite. Sur la vaste étendue blanche que traversent des broussailles couleur de rouille, la bête, d'un pelage magnifique, est venue mourir au premier plan. Il est fâcheux que du lointain accourent cinq chiens assez ridicules de forme, de couleur et de mouvement. On ne peut vraiment en vouloir aux critiques de ne pas leur avoir fait grâce.

LA CURÉE DU CHEVREUIL, dite aussi CHASSE AU CHEVREUIL DANS LES FORÊTS DU GRAND JURA, fut au contraire justement admirée. La toile, vendue 8,000 francs à M. Vanisack, d'Anvers, puis, cédée à M. Luquet, fut revendue par ce dernier, en 1866, pour 25,000 francs à l'Alston-Club de Boston. A en juger d'après les lithographies de Célestin Nanteuil et d'Emile Vernier, il semble bien que ce soit un des chefs-d'œuvre du peintre.

Sous une haute futaie de sapins, le chevreuil est suspendu par la patte à un arbre. La délicatesse du pelage, le poids magnifique du corps en font une admirable nature morte. Debout, en blouse, large d'épaules, guêtré, les bras croisés, Courbet écoute le piqueur qui sonne la curée. Deux chiens marbrés de taches brunes s'approchent de la bête en s'écrasant sur leurs larges pattes. La scène a une vigueur animale et une grandeur religieuse.

About, Gautier, Maxime du Camp, Castagnary, ont loué l'œuvre comme il convenait. Non sans quelques réserves de détail, cela va sans dire. Castagnary s'étonne par exemple de trouver aux chiens un pelage de braques avec une taille de bassets, et About, qui leur reconnaît de la « grosse vie », qui admire leur « facture forte et savante », semble regretter cependant les chiens de Desportes. Mais nous avons le droit de supposer que l'on avait mis là ces reproches pour ne pas manquer à l'habitude prise de critiquer Courbet.

Nous pouvons voir, en effet, les deux chiens de LA CURÉE, identiquement répétés par le peintre dans la belle toile, reproduite ci-contre, qui a émigré à New-York, après avoir passé chez M. Durand-Ruel. La forêt de sapins a fait place à un bois de chênes; les chasseurs ont disparu ; le chevreuil a été remplacé par un lièvre. Mais les deux chiens sont restés ce qu'ils étaient, c'est-à-dire capables de ne faire regretter ni l'exact Desportes, ni même aucun des animaliers plus puissants que lui.

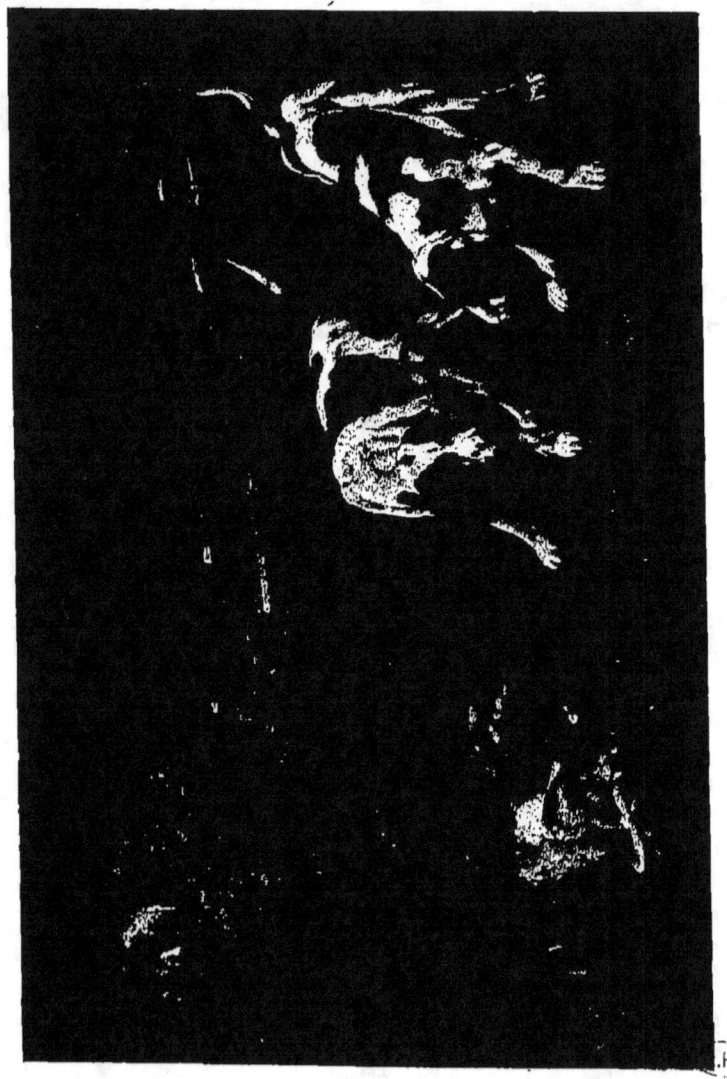

XXXI. — CHIENS ET LIÈVRE

XXXII. — CHASSEURS EN FORÊT

Un autre reproche adressé à Courbet, à propos des œuvres dont nous venons de parler, était particulièrement malheureux. About l'accusait de ne pas savoir comment on tient une trompe de chasse et Maxime du Camp le soupçonnait d'ignorer que la chasse à la neige était prohibée depuis 1844. « Il n'y a là que demi-mal, ajoutait-il, mais je croyais que les réalistes ne peignaient jamais que ce qu'ils voyaient. »

Ici encore Courbet a peint cependant non seulement ce qu'il voyait, mais ce qu'il vivait. Il était grand chasseur et même, comme il le dit dans une de ses lettres, « braconnier enragé ». Dès l'année 1853, il avait eu maille à partir avec la gendarmerie, après avoir battu le pays « par monts et par vaux, dans la neige jusqu'au ventre » à la poursuite des lièvres et des loups.

En 1859, à Francfort, il s'était signalé par des prouesses dont il ne tirait pas moins d'orgueil que de sa renommée de peintre. Il lui était arrivé le jour de la Saint-Sylvestre une « aventure superbe » qu'il racontait en ces termes à sa sœur Juliette : « J'ai tué à la chasse, dans les montagnes d'Allemagne, un cerf énorme, un douze cors... C'est le plus grand que l'on ait tué en Allemagne depuis vingt-cinq ans. Il pesait, corps vidé, 274 livres ; en saison d'été, vivant, il aurait pesé plus de 400 livres. Cette aventure a suscité la jalousie de toute l'Allemagne. Le grand-duc de Darmstadt disait que pour mille florins il voudrait que cela ne fût pas... » Il fallut une intervention de la Société des chasseurs pour lui faire rendre la dépouille de la bête, dont on s'était emparé. « C'est une histoire splendide ; toute la ville a été sur pied pendant un mois. Les journaux s'en sont mêlés... A la suite de cela, il y a un chasseur qui a offert un dîner, où l'on a bu 700 verres de bière de Bavière. »

Castagnary avait parfois raison quand il disait que la nature peinte par Courbet semble entrevue de la fenêtre d'une auberge : « Ses sites rappellent toujours l'idée d'une bonne partie ; on devine que c'est de la friture qui nage au courant de ses ruisseaux et, aux alentours, le long de ses taillis, il se dégage comme un parfum de gibelotte. » C'est trop dire, mais à défaut de gibelotte on devine tout au moins « du lapin » dans les taillis que peint Courbet. Même quand il nous entraîne loin des « jardins et bosquets », ses paysages, pleins de fortes senteurs végétales, ne portent pas aux rêveries pacifiques et l'on devine ses grands bois prêts à résonner du fracas d'un coup de fusil.

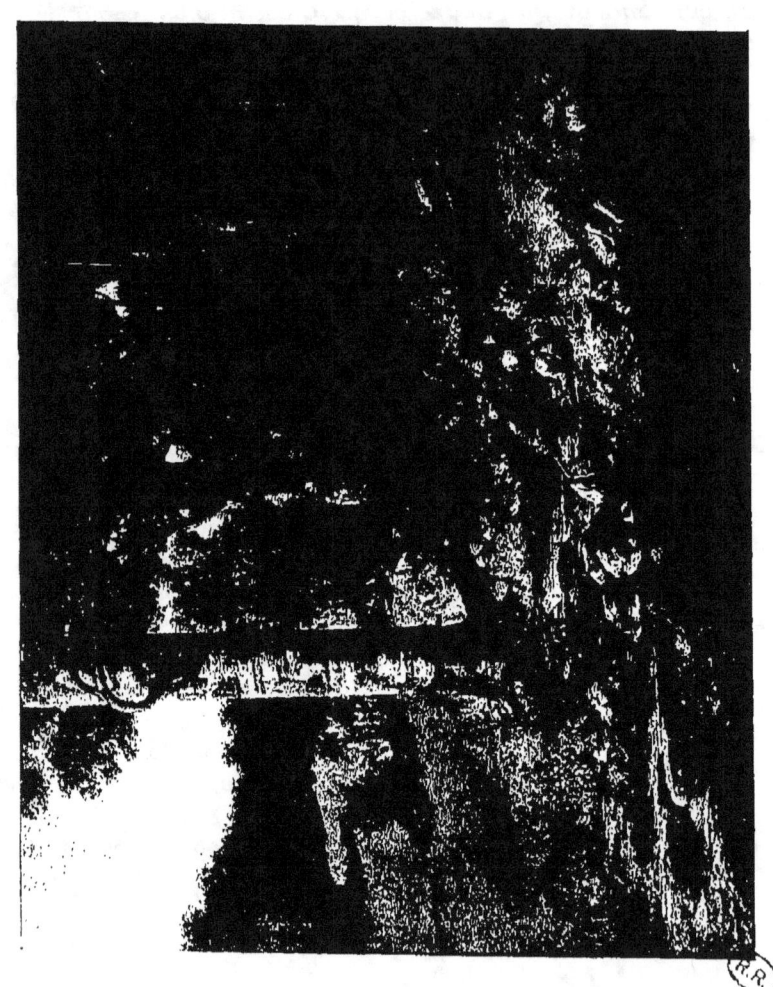

XXXII. — Chasseurs en Forêt

XXXIII. — LE COMBAT DE CERFS

Courbet avait assisté avec enthousiasme à des combats de cerfs dans les parcs de Hambourg et de Wiesbaden. Mais c'est à Francfort, après le beau coup de fusil que nous venons de conter, qu'il commença sa grande toile. L'artiste avait fait naturaliser la dépouille de sa victime, et l'avait installée, en compagnie d'un second trophée de même nature, dans un atelier du Muséum, mis à sa disposition par le directeur de l'Académia, le professeur Jacob Becker. De l'autre côté du Mein, près d'une auberge approvisionnée d'excellent jambon et munie d'un certain vin blanc très honorable, était un petit bois, qui fournit le décor.

La toile fut achevée en moins d'une semaine. Au professeur Becker, qui exprimait timidement le regret de ne pas trouver les feuillages assez minutieusement dessinés, Courbet répondit sans cérémonie : « Monsieur Becker, vous êtes certainement un bon professeur d'anatomie, mais en peinture vous ne serez jamais qu'un c..! » Et comme il se trouva de bons traducteurs à Francfort, cette réponse abrégea les relations entre les deux artistes. Courbet rentra à Ornans. Il y modifia d'ailleurs son paysage, ayant trouvé dans le Jura un décor mieux adapté à la scène.

LE COMBAT DE CERFS, dit aussi LE RUT DU PRIN-

TEMPS, parut au Salon de 1861. Ce fut un nouveau succès, dont Olivier Merson, notamment, nous a laissé le témoignage. C'est, dit-il, « le meilleur des tableaux exposés par M. Courbet. Chaque détail est étudié avec une netteté singulière et aussi dans une pâte abondante et nourrie. Le terrain est solide; le feuillé, les herbes, les ronces sont parfaitement touchés; à droite frémit une eau claire et fraîche. Autour des arbres et des branches l'air circule librement ; on dirait que les feuilles tremblent et bruissent. Le ton des feuillages, la contexture des écorces lisses ou raboteuses, l'accentuation des silhouettes sont variés avec une science véritable. Les fonds ont une profondeur presque solennelle; les premiers plans sont mâles et puissants ; même dans les endroits où l'on ne croit voir qu'un travail de fougue, se manifeste le calcul d'un artiste maître de son pinceau et de sa palette, et tous ces mérites viennent se condenser heureusement dans la vigoureuse unité et la puissante harmonie de la couleur... M. Courbet vient de toucher une corde excellente. Voudra-t-il s'y tenir...? »

L'État faillit acheter LE COMBAT DE CERFS dès cette époque ; mais les pourparlers n'aboutirent pas. La toile reparut à l'exposition d'Anvers en 1861, à l'exposition privée de 1867 et à la grande vente de 1881, où elle fut acquise enfin pour 41.900 francs. Il faut la voir au Louvre par les matinées ensoleillées. La lumière réveille alors les fonds ordinairement opaques et ranime la splendeur ancienne du sous-bois.

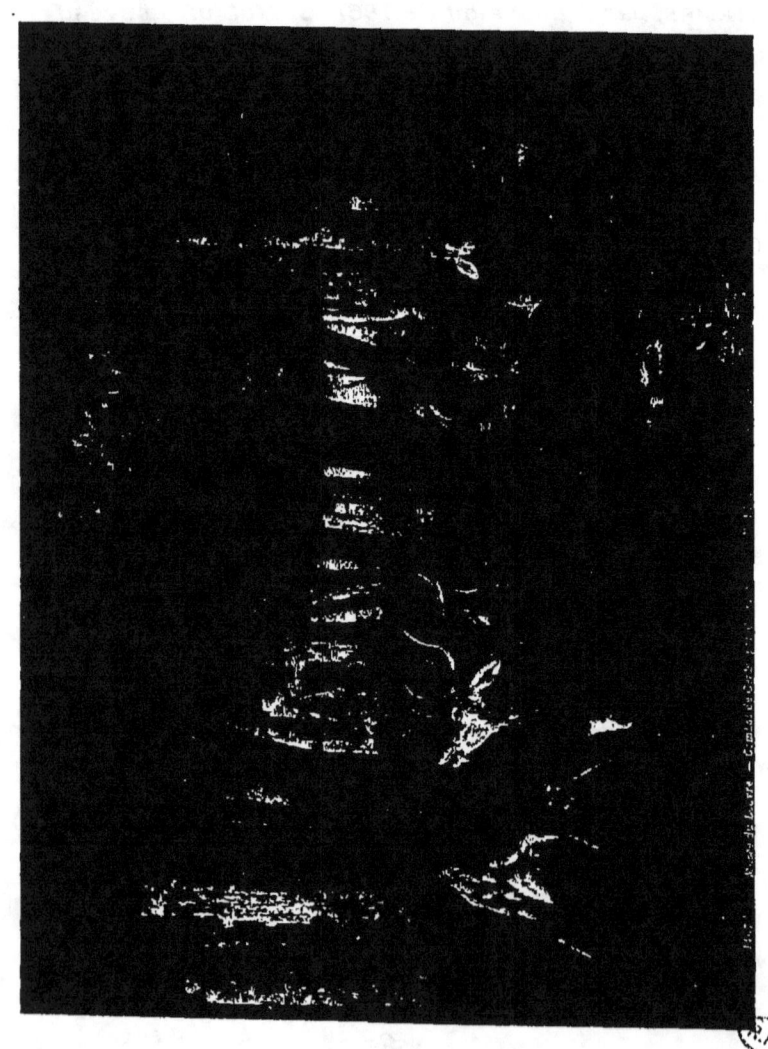

XXXIII. — LE COMBAT DE CERFS

XXXIV. — LE CHASSEUR D'EAU

Les Salons de 1857 et 1861 suffiraient à représenter Courbet comme peintre de chasses. A cette dernière exposition, il avait, outre LE COMBAT DE CERFS, un CERF A L'EAU, un RENARD DANS LA NEIGE, et enfin un PIQUEUR ET SON CHEVAL. Cette dernière toile, il est vrai, fut jugée ridicule et « digne des plus mauvais jours du peintre ». L'artiste s'efforça bien de la retoucher dans la suite, mais sous son nouveau titre, LE CHEVAL DÉROBÉ, elle semble être encore un bien mauvais tableau.

Courbet allait cependant bientôt recueillir, avec une nouvelle composition de la même série, les applaudissements les plus unanimes qu'il lui ait été donné de soulever au cours de sa longue carrière. Au Salon de 1866, sa fameuse REMISE DES CHEVREUILS ne provoqua que des éloges. Tous ceux qu'avaient effrayés jusque-là la forte personnalité et le talent un peu brutal du peintre se récrièrent d'admiration devant cette œuvre aimable jusqu'à l'insignifiance. Les nombreux chevreuils que Courbet peignit sur ce modèle, « aussi agréables que ceux de la Remise », dit-il dans une lettre inédite de la bibliothèque Doucet (13 février 1870), ont toujours trouvé un public. Un CERF AUX ÉCOUTES de cette qualité, peint en 1859, a été donné au Louvre. Quant à LA REMISE, elle fut vendue 15.000 francs par l'artiste, passa par les collections Lepel-Cointet, Laurent-Richard et Sécrétan et fut acquise enfin 76.000 francs par une société d'amateurs, qui l'a offerte aussi au Louvre. Tant de reproductions de toutes natures et de tous formats l'ont vulgarisée que l'on ne nous en voudra pas de ne pas la publier ici une fois de plus.

Il faut réserver aussi une mention à L'HALLALI DU CERF, du musée de Besançon qui fit sensation, de toute autre manière, il est vrai, à l'exposition de 1867 et au Salon de 1869. Chacun s'accorde à en trouver l'exécution « chimérique » et fort au-dessus des prétentions.

Dans la dernière période de sa vie, alors que son énorme corpulence et ses infirmités croissantes lui rendaient déjà difficiles les grandes marches et les exercices violents, Courbet ne renonçait pas à ses sujets favoris. Un des derniers parmi ses beaux tableaux de chasse, peint en 1873, nous montre, dans un de ces paysages de neige qu'il avait tant affectionnés, un CHASSEUR D'EAU à l'affût des sarcelles et des canards sauvages (Collection Duret).

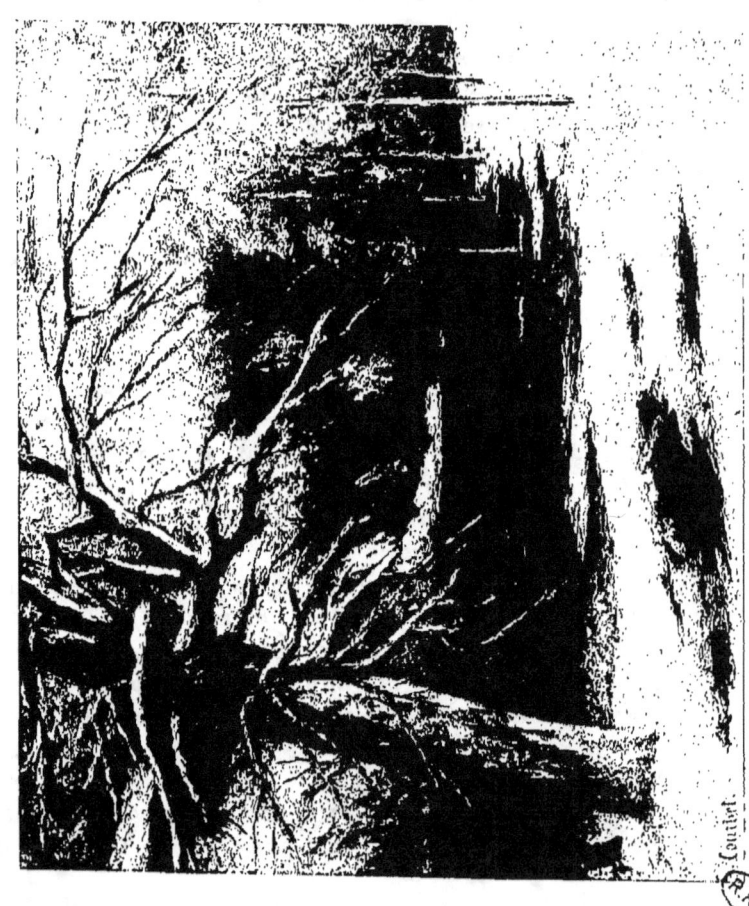

XXXIV. — LE CHASSEUR D'EAU

COLLECTION PARTICULIÈRE   PHOT. DURAND-RUEL

XXXV. — LE RETOUR DE LA CONFÉRENCE

En grand mystère, au commencement de l'année 1863, Courbet, se trouvant à Saintes, entreprit une nouvelle composition, vaste comme L'ENTERREMENT ou L'ATELIER. Tout ce qu'il voulait en dire, c'est qu'elle serait « critique et comique au plus haut degré ». La toile fut commencée dans une construction inachevée dépendant du haras impérial. Mais le Directeur n'eut pas plutôt vu l'ébauche, qu'il supplia Courbet de l'emporter nuitamment pour l'achever en un lieu moins officiel.

Le passeur du port Berteau, le père Faure, lui accorda l'hospitalité au premier étage de sa maison. Il procura même à son singulier locataire, sur sa demande, une soutane de curé et un brave petit âne gris, qui fut hissé non sans peine jusque dans la chambre de l'artiste. Courbet termina son œuvre dans un secret relatif, et l'envoya vers le Salon, radieux à l'avance du « potin » qu'elle allait déchaîner.

Il fut servi à souhait. Le fameux RETOUR DE LA CONFÉRENCE lui fut retourné incontinent « pour cause d'outrage à la morale religieuse » avec interdiction de l'exposer même au Salon des Refusés. Puisqu'ils m'y forcent, s'écria Courbet, je vais leur peindre LE COUCHER DE LA CONFÉRENCE !

En attendant, il accrocha la toile dans son atelier de la rue Hautefeuille, dont il ouvrit les portes toutes grandes, et ce fut, pendant plusieurs jours, un défilé ininterrompu de tous les curieux devant l'œuvre excommuniée.

Elle s'explique sans longs commentaires. Sur la route d'Ornans, au retour de la conférence ecclésiastique du lundi, les prêtres du doyenné regagnent leurs cures. Mais il se trouve que le déjeuner a été terriblement copieux... Voilà la magnifique trouvaille que Courbet a étalée sur une toile de dix pieds.

A l'indignation provoquée dans les milieux bien pensants par cette énorme facétie répondirent les éloges des esprits forts. Une fois de plus, Proudhon dépensa sans compter des trésors de subtilité en expliquant la scène : « inévitable réaction de la nature sur l'idéal ». Castagnary, après avoir éloquemment rappelé toute la carrière du peintre, déclara que jamais dans sa vie Courbet n'avait eu un tel bonheur de composition.

Se frottant les mains au milieu du tumulte, Courbet se jetait à corps perdu dans les discours les plus séditieux. Champfleury lui dit avec humeur : « Vous parlez trop et vous ne peignez pas assez ».
— Encore un qui est vendu au Gouvernement ! se dit l'artiste.

LE RETOUR DE LA CONFÉRENCE partit bientôt pour faire le tour de l'Europe. On le vit notamment à Gand en 1868 ; mais il a été brûlé depuis. Une réplique réduite (que nous reproduisons ici) fait partie de la collection Saint.

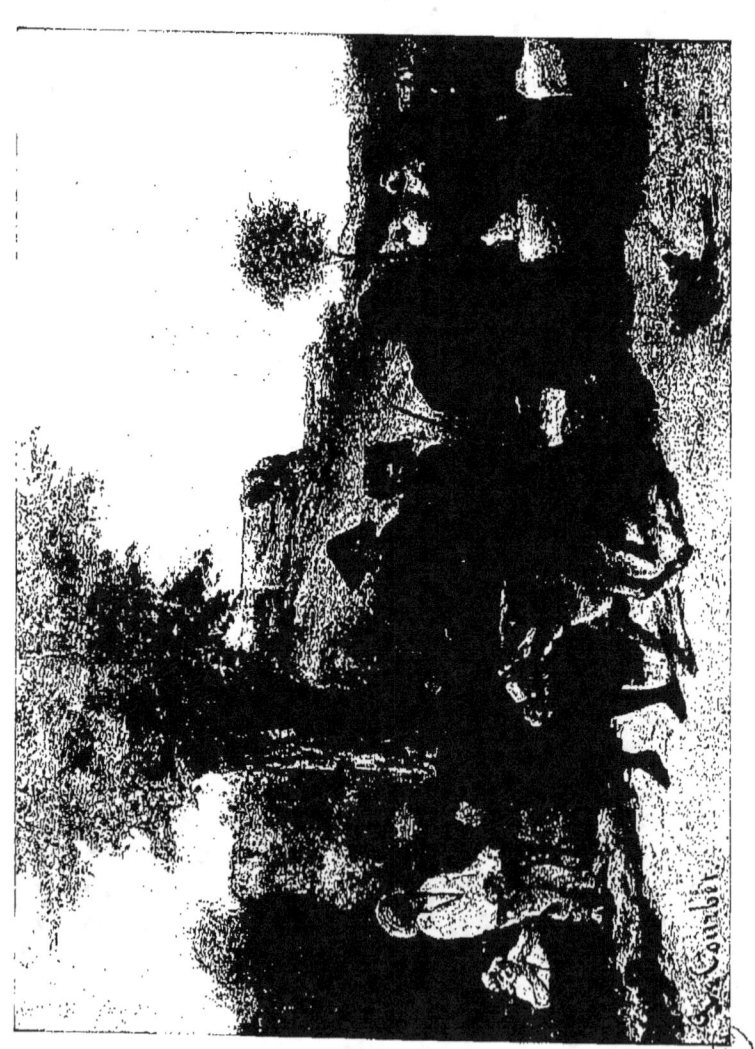

XXXV. — Le Retour de la Conférence

XXXVI. — VÉNUS ET PSYCHÉ

C'est très sérieusement que Courbet parlait de continuer le cycle de ses grandes compositions anticléricales. « Si vous le voyez, écrit Champfleury à Buchon, en novembre 1863, tâchez de le retenir dans le pays le plus longtemps possible. Il a besoin de se retremper en pleine nature. Il veut, disait-il à Sainte-Beuve, exécuter encore un tableau de curés. A mon sens, il se trompe, et vous savez que je ne fais pas partie de la Société de Saint-Vincent-de-Paul... Quoiqu'il en dise, LE RETOUR DE LA CONFÉRENCE est un échec. Que Courbet peigne des paysages de sa province, des sujets domestiques, là est son véritable rôle ; mais, grands Dieux ! qu'il se garde du symbolisme et de la satire pour lesquels son esprit n'est pas fait ! »

L'artiste ne renonça qu'en partie à son projet et l'on trouverait son COUCHER DE LA CONFÉRENCE dans une série de vignettes pour la brochure Les Curés en goguette, parue à Bruxelles en 1868. Il ne s'abstint aussi que contre son gré du symbolisme et de la satire dont le détournait avec raison Champfleury. En janvier 1864, en effet, il avait entrepris, raconte-t-il, un autre « tableau épique... un sujet de ma façon ! » C'était la SOURCE D'HIPPOCRÈNE,

« allusion à l'état de la poésie contemporaine, critique sérieuse d'ailleurs, quoique comique ». Mais quelqu'un creva la toile par mégarde, au moment où l'artiste était déjà las de sa nouvelle plaisanterie, et c'est ainsi que les poètes, au Salon de 1864, échappèrent au sort qui avait déjà frappé les curés.

Pour mettre à profit le peu de temps qui lui restait avant l'exposition, l'artiste, mis sans doute en goût par la figure de la Source, dans la toile dont nous venons de parler, revint à un de ses thèmes de prédilection, le nu féminin. Décidément en veine de littérature, il baptisa sa toile : VÉNUS POURSUIVANT PSYCHÉ DE SA JALOUSIE. Mais le titre seul est en contradiction avec la haine de Courbet pour les sujets de la fable. Ses personnages se présentent dans un décor du plus pur Second Empire. « Ce sont, écrivait-il, deux femmes nues grandes comme nature, peintes d'une façon que vous n'avez jamais vue de moi. » La toile montre en effet une curieuse évolution du talent de l'artiste. A sa facture franche et un peu grosse, il a substitué, assez malheureusement, semble-t-il, des recherches de modelé clair et lisse, de dessin plus mince et plus écrit.

Le tableau ne put être envoyé a temps au Salon, mais il figura cette même année 1864 à l'exposition de Bruxelles. Il fut acheté 18.000 francs par M. Lepel-Cointet, agent de change. Le perroquet, dont la présence ne s'explique guère, a disparu dans la suite de cette toile, dont il existe une réplique.

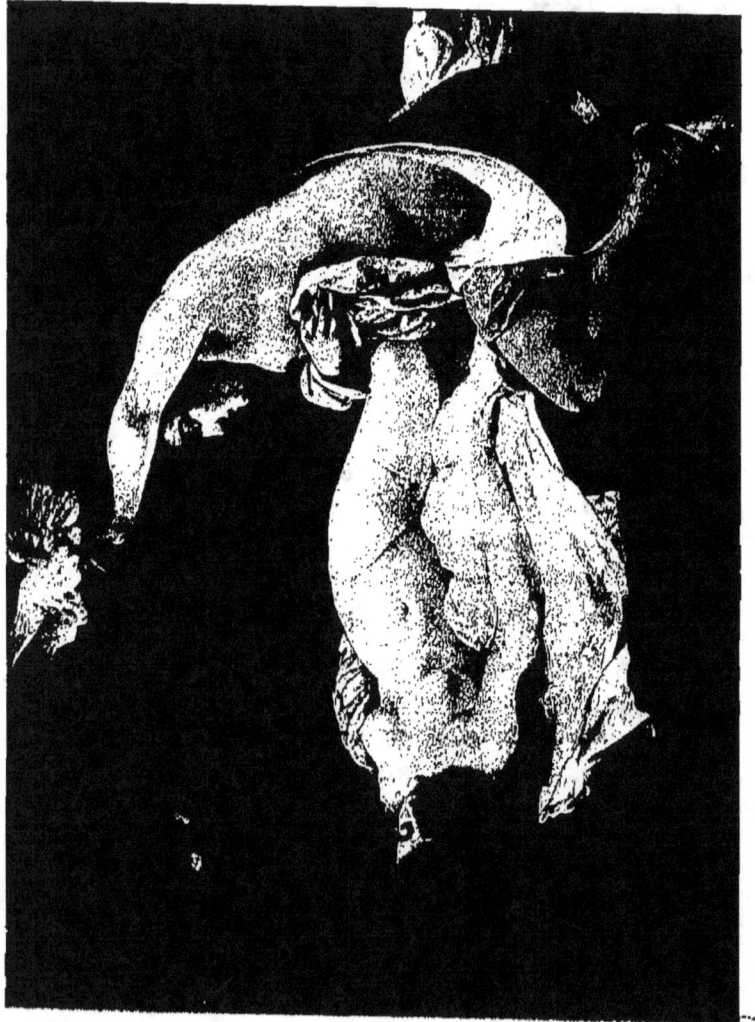

XXXVI. — Vénus et Psyché

XXXVII. — LA FEMME AU PERROQUET

Le perroquet qui a quitté la main de la Vénus est venu se loger dans une autre toile, plus célèbre encore, à laquelle il a donné son nom.

Elle fut exposée, en même temps que LA REMISE DES CHEVREUILS, au Salon de 1866. « S'ils ne sont pas contents, cette année, disait Courbet, ils seront difficiles ! Ils auront deux tableaux propres, comme ils les aiment. »

« Ils » furent contents. « Ils » furent même « tués », à en croire l'artiste. « Ils », c'étaient du moins le public et les médiocres ; c'était aussi le Gouvernement, en la personne de M. de Nieuwerkerque, qui exprima son approbation en termes tels que Courbet crut à l'achat de son œuvre par l'Etat. Mais il était dit que les bonnes intentions de M. de Nieuwerkerque n'amèneraient que des catastrophes. Quelques mois plus tard, en effet, on apprit que le Directeur achetait pour l'Impératrice LE RUISSEAU COUVERT (aujourd'hui au Louvre, sous le nom de RUISSEAU DU PUITS-NOIR), mais renonçait à LA FEMME AU PERROQUET. On se doute des cris de Courbet, qui se vanta d'obliger par ses protestations le Surintendant à démissionner. Comme ce ne sont pas les artistes qui décident de la vie des Surintendants, Courbet dut se consoler en répétant partout que le Gouvernement était mortellement frappé et qu' « ils n'en avaient plus que pour deux ans ! »

Au reste, les concessions que représentaient ces deux œuvres ne firent pas illusion à tous les critiques. « Loin d'être une généralité fade et froide, — dit Charles Blanc à propos de LA FEMME AU PERROQUET — elle a un nom propre, comme qui dirait Paméla ou Thérésa... (Cependant) sauf la tête qui a quelque vérité, mais qui est coiffée d'une chevelure de serpents, comme le serait une Méduse de l'Institut, le corps de cette femme sonne creux. Il se dessine, d'ailleurs, s'emmanche et se comporte sans respect pour les lois les plus respectables de l'anatomie. Le bras droit n'a pas son poignet ; la cuisse droite, sous le linge officieux qui la couvre en partie, ne s'attache pas où il faudrait... Est-ce bien la peine d'être un réaliste et de s'en vanter pour peindre des chairs soufflées et des effets de lanterne dans un corps qu'on a la prétention de rendre compact, palpable et positif ? »

Et le brave Bonvin de déclarer plus brièvement que Courbet s'était mis à faire du « Dubufe ! »

Il n'a manqué au peintre qu'un délai de quelques jours pour faire un chef-d'œuvre, protestait Castagnary. « Mais quelle qualité supérieure d'exécution et de peinture !... Quelle chair, quel bras, quel torse, quel ventre !... Quand a-t-on peint comme cela en France ? »

LA FEMME AU PERROQUET a reparu dans l'exposition privée de 1867 et dans l'exposition de Munich en 1869. Elle appartient aujourd'hui à la collection Bordet, de Lyon.

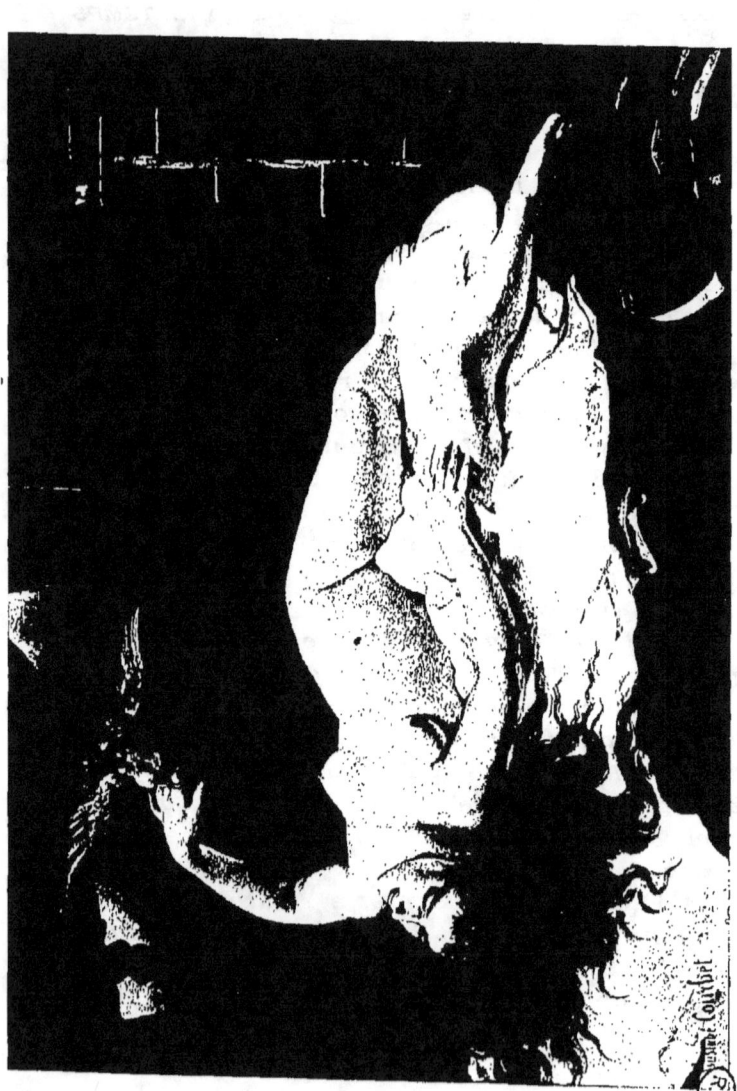

XXXVII. — La Femme au Perroquet

COLLECTION PARTICULIÈRE
PHOT. DURAND-RUEL

XXXVIII. — JÔ, FEMME D'IRLANDE

Après l'incident de LA FEMME AU PERROQUET, Courbet était en trop mauvais termes avec le Gouvernement pour ne pas garder rancune au Salon officiel. Il ne s'interdit pas complètement d'y exposer, mais il reprit l'idée de réserver le meilleur de ses œuvres pour une exposition privée. Cette fois il décida de faire les choses plus grandement encore qu'en 1855.

Un instant l'artiste semble avoir eu le pressentiment des désillusions et des tristesses qui guettaient la fin de sa carrière. « Je deviens vieux, bien vieux ; — écrit-il à Bruyas, le 27 avril 1867 — nous vieillissons, malgré le ressort que nous avons dans l'esprit. Je vais me ruiner encore une fois. Si je ne réussis pas, ce n'est pas gai à mon âge. » Mais bientôt sa robuste confiance reprit le dessus.

« Je viens de dépenser 50,000 francs — écrivait-il au même le 28 mai. Seulement ce coup-ci est triomphal, j'ai fait construire une cathédrale dans le plus bel endroit qui soit en Europe, au pont de l'Alma, au bord de la Seine et en plein Paris, et je stupéfie le monde entier... Je triomphe non seulement sur les modernes, mais encore sur les anciens, la question est en équilibre... J'ai consterné le monde des arts ! »

Le catalogue comprend environ 120 numéros,

parmi lesquels figurent, à l'exception de cinq ou six œuvres, toutes les toiles importantes du peintre. Encore, disait-il dans une note, est-ce une faible partie de l'œuvre complète, qui comprendrait plus de 1.000 tableaux.

Parmi les plus récents, citons ce beau portrait de femme, dont l'opulente chevelure rousse rappelle celle de LA FEMME AU PERROQUET ; elle était baptisée, en 1867, JÔ, FEMME D'IRLANDE, et on l'appelle aussi quelquefois LA BELLE IRLANDAISE et même LA BELLE HOLLANDAISE. C'était une amie du peintre Whistler que nous trouvons en relations avec notre artiste dès 1864 aux bains de Trouville. « J'ai reçu plus de deux mille dames dans mon atelier — écrivait alors Courbet à son père. Toutes désirent faire faire leur portrait après avoir vu celui de la princesse Karoly et de Mlle Aubé... Indépendamment de ces portraits de femmes, j'en ai fait deux d'hommes et des paysages de mer ; en un mot, j'ai fait 35 toiles, ce qui a étourdi tout le monde... J'ai pris 80 bains de mer. Il y a six jours (on était en novembre) j'en prenais encore avec le peintre Whistler, qui est ici avec moi : c'est un Anglais qui est mon élève. »

LA BELLE IRLANDAISE est datée de 1866. Elle reparut à l'exposition de Besançon de 1868 et fut vendue à cette date à M. Emile Durier. Estignard la signale en 1897 dans la collection de Mme Trouillebert. Une réplique de cette toile (reproduite ici) est aujourd'hui à New-York après avoir passé chez M. Durand-Ruel.

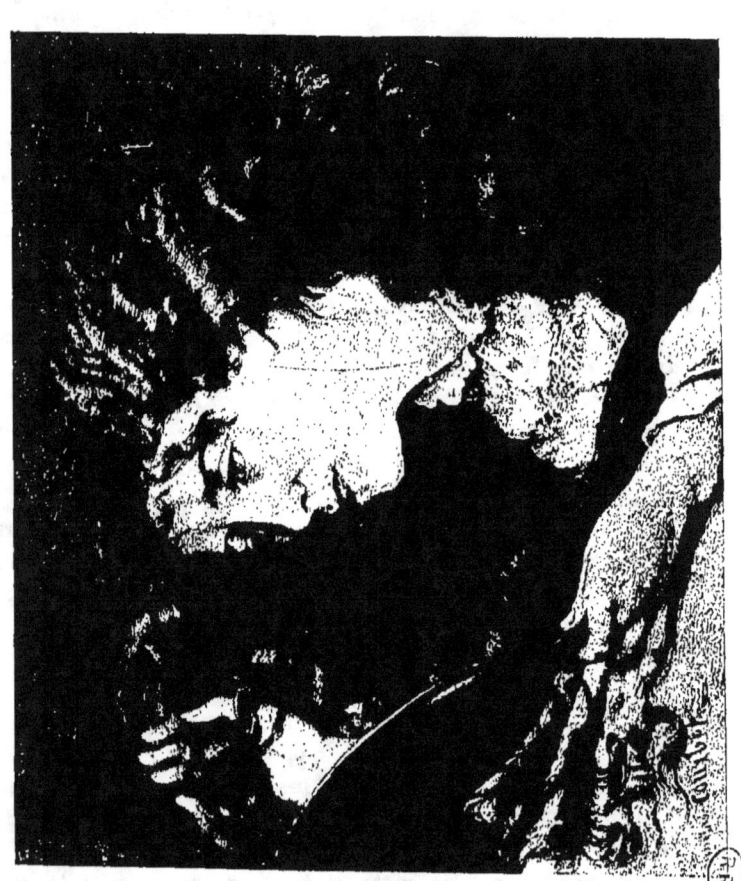

XXXVIII. — Jô, Femme d'Irlande

COLLECTION PARTICULIÈRE — PHOT. DURAND-RUEL

XXXIX. — LA SIESTE

L'exposition de 1867 fut l'occasion pour Castagnary d'un important et curieux article sur la carrière de Courbet :

« Par quelle méprise funeste, cet art qui reprenait la tradition de notre primitive école de peinture en y ajoutant l'appoint d'un métier perfectionné pendant trois siècles.... est-il tombé il y a quinze ans sous l'exécration universelle, alors que dans les mains d'un jeune homme entreprenant et hardi, merveilleusement pourvu de dons naturels, il s'annonçait avec tant de puissance, de justesse et de verdeur ?...

« Eh bien, disons-le... la peinture de Courbet a été enveloppée dans la réaction de 1850, et elle est tombée sous les mêmes coups que la République de février....

« Que signifiait cette audace ? D'où sortaient ces paysans, ces casseurs de pierre, ces affamés et ces déguenillés qu'on voyait pour la première fois prendre silencieusement place entre les divinités mythologiques de l'Académie et les gentilshommes empanachés du romantisme ? N'était-ce pas déjà la sinistre avant-garde de ces hordes de Jacques que l'anxiété publique... se représentait... montant à l'assaut des élections de 1852...

« Jamais homme ayant tenu un pinceau ne vit

passer tant d'outrages. J'ai dit que pour exposer son œuvre entière il faudrait à Courbet une salle aussi longue que la galerie du Luxembourg; il tapisserait la galerie du Louvre avec les injures que son œuvre lui a attirées...

« A l'heure qu'il est, après dix ans écoulés, l'évolution est accomplie. Les fausses susceptibilités, les fausses délicatesses, les fausses rancunes sont tombées... Quiconque est pour la liberté en politique, pour l'observation en philosophie, pour la simplicité en littérature, est, en art, pour Courbet. »

Il semble que le triomphe n'ait pas été aussi grand que veut bien le dire Castagnary. Devant les œuvres anciennes de l'artiste, les sarcasmes et les indignations du début se sont bien calmés, mais pour faire place à quelque indifférence. Paul Mantz raconte qu'il se trouva souvent seul dans la cathédrale du Pont de l'Alma et que le caissier n'était pas sans mélancolie.

Les œuvres récentes ne firent guère sensation. Nous avons dit ailleurs que L'HALLALI DU CERF, du musée de Besançon, fut assez mal accueilli. Une autre composition, alors inédite et qui reparut plus tard au Salon de 1869, ne plut guère qu'à Charles Blanc : c'est LA SIESTE PENDANT LA SAISON DES FOINS, œuvre sévère et grave, admirablement conçue, plus faible dans l'exécution, par endroits lourde et par endroits insuffisante. Acquise par la Ville de Paris, elle tient aujourd'hui une place honorable au Petit-Palais, dans la salle enrichie par les dons de Mlle Juliette Courbet.

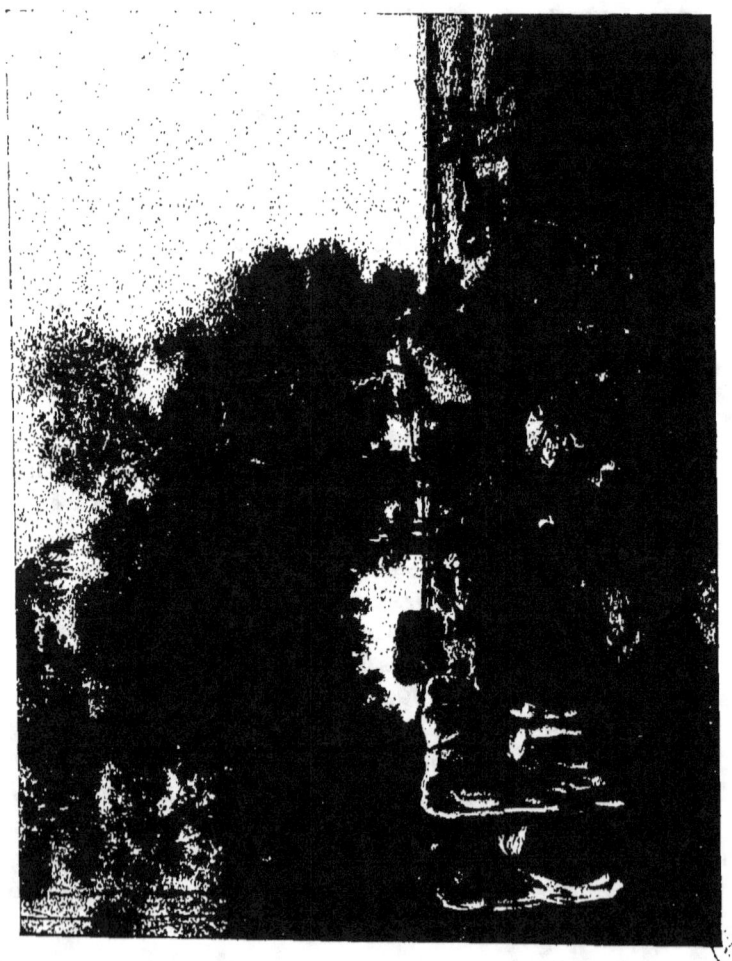

XXXIX. — LA SIESTE

XL. — LA VAGUE AUX TROIS BARQUES

Au moment où le peintre semblait avoir pris définitivement le parti de conquérir l'opinion par des sujets tapageurs ou par des concessions de technique, son talent se réveilla soudain pour donner une série de paysages de mer d'une magnifique puissance et d'une saine simplicité.

Les trois exemples que nous reproduisons ici appartiennent à cette période et rappellent le séjour de l'artiste à Etretat, en 1869, mais il faudrait remonter beaucoup plus haut si l'on voulait mentionner les premières marines de Courbet.

C'est dans ses courses autour de Montpellier, en 1854, à Palavas, à Maguelonne, en Camargue, qu'il se révéla peintre passionné de la mer. Dans son atelier, Zacharie Astruc, en 1859, découvrit avec émotion les études rapportées de ce voyage : « elles expriment toutes les heures de la journée, toutes les singulières transformations de la mer, ce ciel liquide, tempétueux, profond, infini comme l'autre. Effets de soleil, de brume, coup de vent, grises pâleurs du matin, sérénités lumineuses du plein midi, mystère tranquille et voilé du soir. Ici, quelques barques fuyant comme des oiseaux à travers la trame claire de l'eau ;... ici, le phare battu des vagues, un bateau trébuche sur la grève; là, une bande de chevaux blancs, sauvages... confondus presque avec la teinte pâle des vagues dont ils écoutent la mourante plainte, et qu'on voit s'agiter et courir avec une douce mollesse; ailleurs, la morne et solitaire étendue sans accident, effrayante de mâle grandeur, menaçante, — c'est la mer violette traçant une ligne vigoureuse d'horizon sur le ciel bleu... Enfin tous les poèmes de la mer réunis et exprimés dans un ton si simple, si délicat, si grand, si hardi et si juste ».

Un peu plus tard, en 1859, Courbet, accompagné de Schanne, partit au Hâvre à la découverte de la Manche. Il y fit la connaissance de Boudin, qui le conduisit à Honfleur, et qui le mit en relations avec Claude Monet. De cette nouvelle campagne datent LES FALAISES DE HONFLEUR, LE COUCHER DE SOLEIL SUR LA MANCHE et L'EMBOUCHURE DE LA SEINE.

Dès lors Courbet saisit toutes les occasions de passer la belle saison avec ses amis sur les côtes de Normandie. Nous le retrouvons en 1864, 1865 et 1866 à Trouville, d'où il écrit à Bruyas : je viens de peindre « 25 paysages de mer dans le genre du vôtre et de ceux que j'ai faits aux Cabanes, 25 ciels d'automne, tous plus extraordinaires et libres l'un que l'autre ; c'est amusant ».

La plupart des marines de l'exposition de 1867 datent de cette période.

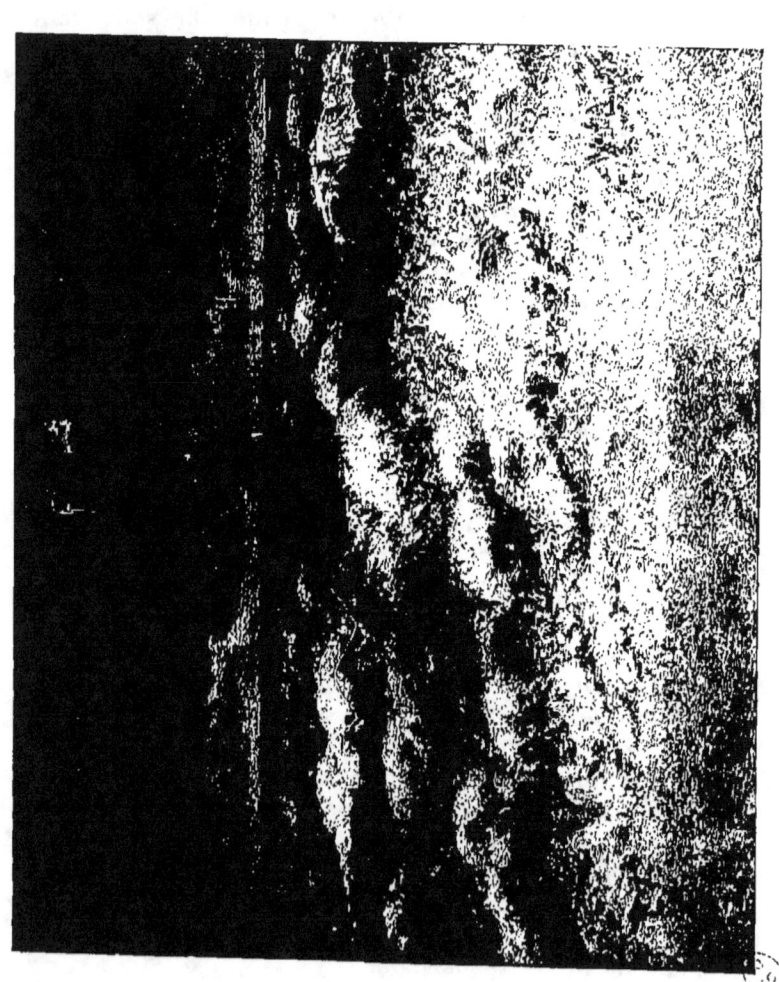

XL. — La Vague aux trois Barques

XLI. — FALAISE D'ÉTRETAT

Pendant l'exposition de 1867, Courbet quitta encore Paris pendant quelques jours, pour aller prendre quelques bains à Saint-Aubin-sur-Mer, dans le Calvados, et pour ajouter encore quelques études à ses paysages de la Manche.

Mais les œuvres maîtresses de cette série de marines datent du séjour que fit l'artiste à Étretat, en 1869, en compagnie de Diaz et de son fils. La station, lancée par Isabey et par Alphonse Karr, n'était pas encore trop envahie, et l'artiste pouvait tout à son aise se livrer à ses prouesses nautiques (les marins l'avaient surnommé le phoque). Quelque chose de cette vie violente et saine a passé dans les nombreuses études peintes à ce moment.

Deux d'entre elles sont célèbres : LA VAGUE du Louvre et la FALAISE D'ÉTRETAT, exposées toutes deux au Salon de 1870.

« Sans être à l'unisson de ses admirateurs enthousiastes — écrivait Paul de Saint-Victor — j'apprécie, comme il convient, les deux marines de M. Courbet. Il y a sans doute quelque exagération, on pourrait même dire quelque charge, dans le luxe minéralogique dont il a recouvert les rochers de sa FALAISE D'ÉTRETAT. Toute la gamme des gemmes y flamboie, depuis le diamant jusqu'à la malachite. Mais l'aspect a de la grandeur, l'exécution est franche et solide ; le ciel reluit de ce frais éclat qu'il montre après les

*orages. Il ne manque à ce beau morceau, pour être
complet, que la perspective, celle des lignes aussi
bien que celle des couleurs... »*

Ce reproche a été adressé à tous les peintres de
plein air par les critiques habitués aux perspectives
savantes et un peu conventionnelles des paysages
d'atelier. Castagnary nous semble avoir été mieux
inspiré en louant sans réserves cette belle page :
« Au premier rang de nos plus belles œuvres —
écrivait-il — dans la région élevée du grand art où
l'accord est parfait entre l'idée et l'exécution, il faut
placer les deux marines de Gustave Courbet. Je crois
que, cette année, les dernières rancunes s'avoueront
vaincues et qu'il y aura unanimité en faveur du
grand peintre. La FALAISE D'ÉTRETAT, avec sa composition si simple, son aspect si puissant et si vrai,
ses rochers gris dont le sommet se tapisse du velours
des graminées, son ciel léger et frais que vient de
laver l'orage, ses flots apaisés qui se déroulent
jusqu'au plus profond horizon, les anfractuosités où
l'eau se teinte d'une ombre légère, l'air libre et
joyeux qui circule dans la toile et en enveloppe les
détails, par-dessus tout, cette vérité de rendu qui
fait disparaître l'œuvre d'art pour ne plus laisser
voir que la nature, tout cela frappe, étonne, émeut,
transporte d'admiration, suivant le degré de sensibilité dont a été doté le spectateur ».

Il existe deux exemplaires légèrement différents
de la FALAISE D'ÉTRETAT. L'un d'eux a été acquis
8.000 francs par Brame en 1870. L'autre a été vendu
13.000 francs en 1872.

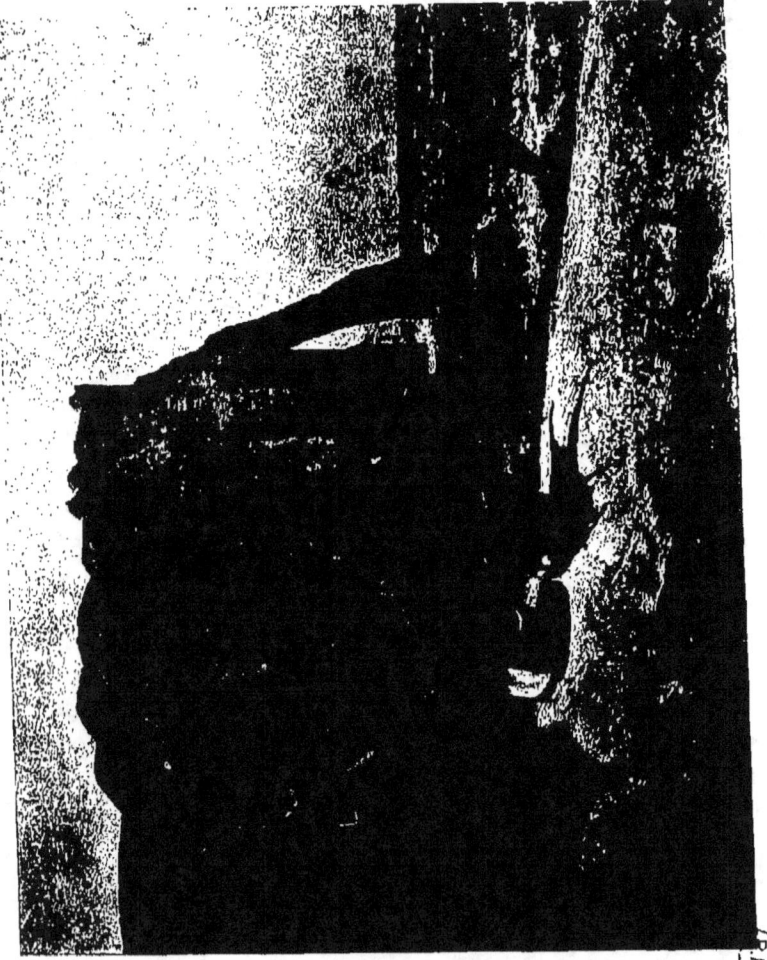

XLI. — LA FALAISE D'ÉTRETAT

XLII. — LA VAGUE

La toile qui est devenue populaire sous ce nom était désignée, au livret du Salon de 1870, sous le titre : LA MER ORAGEUSE. Beaucoup la préférèrent à la FALAISE D'ÉTRETAT, peinte et exposée aux mêmes dates.

« L'effet de LA MER ORAGEUSE, écrivait Castagnary, me saisit davantage. Ce n'est plus une description partielle et toute locale comme la falaise de tout à l'heure; c'est le drame éternel qui se joue en tous pays, sur toutes les côtes, quand le vent des tempêtes se met à souffler, que le ciel se charge de nuées, que les flots se gonflent et se couronnent d'écume, que les navires gagnant le large fuient comme des oiseaux éperdus. Courbet a eu la bonne fortune, l'été passé, à Étretat, de posséder ce spectacle sous sa fenêtre et de pouvoir le traduire directement sur place, conditions toujours difficiles à rencontrer. C'est ce qui donne à son œuvre cette justesse, cette précision, cette énergie sobre qui la caractérisent... Ciel et mer, tout est modelé avec le même soin et peint de cette pâte souple, élégante, harmonieuse, qui fait de Courbet un si grand et un si fin coloriste à la fois. En écrivant ces mots, le souvenir des marines d'Eugène Delacroix me revient à l'esprit. Je voudrais, pour la curiosité de mes yeux, pouvoir placer à côté de LA MER ORAGEUSE quelqu'une de ces belles toiles que je revois en imagination et qui s'appellent LE NAUFRAGE DE DON JUAN ou JÉSUS DANS LA TEMPÊTE ; cette dernière surtout... Qui l'emporterait à l'examen ? Je ne sais ; mais, à cette distance, avec les seuls souvenirs restés dans ma mémoire, il me semble (je demande pardon de ce blasphème aux derniers romantiques) que le maître d'Ornans ne serait pas vaincu. »

Moins bienveillant fut Paul de Saint-Victor, qui ne vit ni l'arabesque grandiose, ni la puissante harmonie colorée, ni le ciel splendide et nota seulement ce reproche, d'ailleurs justifié en lui-même :
« J'aime beaucoup moins LA MER ORAGEUSE, dont l'artiste a rendu sans doute le fracas puissant et sonore, mais qui semble, au lieu de vagues, rouler les rocs de ses rives et les galets de ses plages. Vous chercheriez vainement une goutte d'eau dans cet océan pétrifié. Si l'on en détachait un morceau au hasard, il n'est personne qui ne prît ce coin de marine pour un pan de mur ».

LA VAGUE a atteint 17.000 francs en 1872 à la vente Courbet et l'État l'a acquise de M. Haro pour 20.000 francs en 1878. Il en existe une variante, où les barques du premier plan sont remplacées par un rocher.

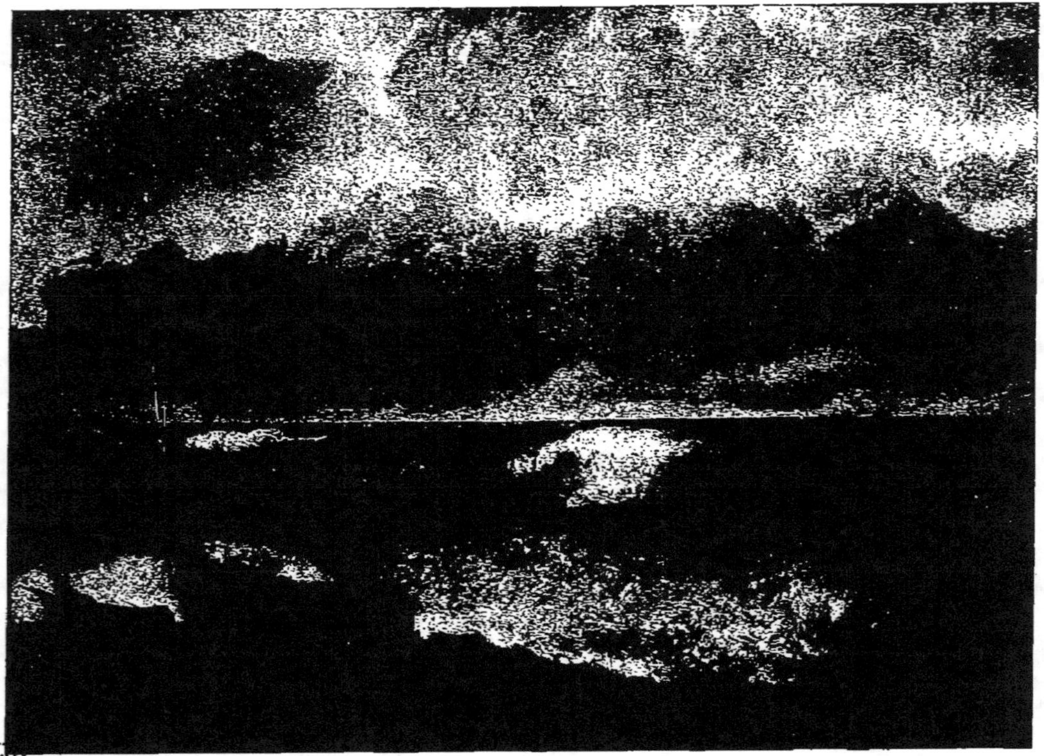

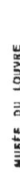

XLII. — LA VAGUE

XLIII. — JULES VALLÈS

Les belles œuvres que nous venons de mentionner auraient dû persuader enfin à Courbet qu'il lui suffisait, pour atteindre la gloire, de ne pas courir sans cesse après la célébrité. Malheureusement, les circonstances allaient lui fournir des occasions plus dangereuses que jamais de remonter en scène.

Avec ses amis Castagnary et Carjat, il vivait alors dans l'atmosphère surchauffée du café de Madrid. Auprès de Gambetta, Floquet, Spuller, il coudoyait tous les jours de futurs chefs de la Commune : Delescluze, Paschal Grousset, Raoul Rigault et aussi JULES VALLÈS, le généreux écrivain, le futur rédacteur du Cri du Peuple, dont il a peint un beau portrait (collection Peytel). Courbet réalisait sans effort le difficile problème de se trouver parmi les plus exaltés. « Entre deux pipes, au café, disait Hetzel à Mme Adam, on pouvait le monter à tous les diapasons ».

On le vit bien quand le Gouvernement fut contraint par le succès de LA VAGUE de réaliser enfin un des désirs les plus chers de Courbet en lui donnant la Croix. Chapitré par ses camarades, le peintre s'aperçut soudain qu'il serait deshonoré en acceptant de l'ennemi cette distinction et il y répondit par un refus éclatant. Son geste fut récompensé aussitôt par un véritable triomphe. « Jamais — écrivit-il — personne n'a eu un succès comme celui que j'ai eu cette année; avec mes marines, mon année est splendide de toutes façons. »

C'est, hélas, la dernière année splendide de Courbet. Du parti de l'opposition, où ses maladresses étaient sans grande portée, la chute de l'Empire le tira tout à coup pour lui donner un semblant de pouvoir. Nommé président de la Commission des Artistes, en septembre 1870, il se serait acquitté pour le mieux de ses fonctions, s'il n'avait eu la fâcheuse idée de prendre à son compte la haine des républicains pour la colonne Vendôme, symbole détesté de la Guerre et de l'Empire. « Déboulonner la Colonne » était alors une menace assez banale. L'idée lui parut si magnifique qu'il rédigea, pour l'appuyer, une pétition au Gouvernement de la Défense Nationale. Le projet fit son chemin, si bien que la Commune décréta, le 12 avril 1871, la suppression du monument. Courbet, élu quelques jours plus tard conseiller communal et délégué aux beaux-arts, n'eut rien de plus pressé que de réclamer à la Commune l'exécution du décret rendu par elle. Le 16 mai, aux acclamations de la foule, la Colonne, sciée à la base, vint s'abattre sur une couche de fumier.

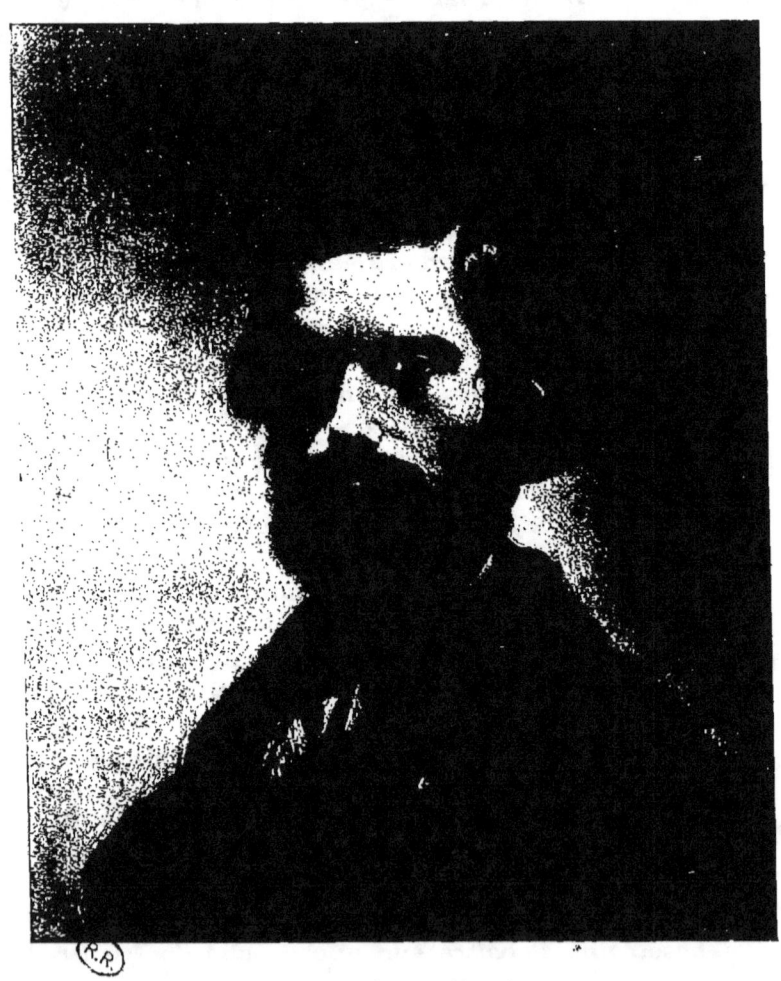

XLIII. — JULES VALLÈS

XLIV. — FAISANS ET POMMES

Que le rôle de Courbet, dans la destruction de la Colonne, paraisse criminel ou simplement stupide, on n'oubliera pas en tout cas qu'il en fut la seule victime. Comme il avait été, de tous les responsables, le plus bruyant et le plus maladroit, on rejeta sur lui toute la faute. Arrêté le 7 juin, quelques jours après la chute de la Commune, il fut traduit en conseil de guerre le 14 août. Son attitude fut assez piètre. Le malheureux avait perdu toute énergie. Cassé, blanchi, souffrant d'une infirmité qui devait nécessiter bientôt une douloureuse opération, il écouta, sans protester, tous les témoins à décharge qui s'accordaient à le représenter comme un grand enfant inoffensif et irresponsable. Loin de désarmer la haine, cet abattement provoqua dans le public les injures et les sarcasmes les plus lâches. Les gendarmes avaient peine à protéger leur prisonnier contre la foule, et une jeune femme cracha sur sa barbe grise. Malgré une courageuse déposition de Paschal Grousset, qui revendiquait pour lui-même la responsabilité de l'acte reproché à Courbet, malgré une habile plaidoirie de Lachaud et un réquisitoire modéré du commissaire du Gouvernement, le peintre fut déclaré coupable et condamné — en attendant pis — à 6 mois de prison et 500 francs d'amende.

« Ils m'ont tué — dit Courbet à un ami ; — ils m'ont tué ces gens-là, je le sens, je ne ferai plus rien de bon ! »

Il devait pourtant bientôt se remettre au travail. A Sainte-Pélagie, où on l'enferma le 22 septembre 1871, ses amis et ses parents multipliaient les marques de sympathie pour lui faire oublier l'ouragan de haine déchainé contre lui. Un jour que sa sœur Zoé lui avait apporté un beau bouquet de houx, tout chargé de ses fruits rouges, il sentit renaître le besoin de peindre et il obtint, à force d'insistance, l'autorisation de faire venir ses couleurs et ses pinceaux.

C'est dans ces circonstances qu'il commença une admirable série de natures mortes, pommes, poires, oranges, chasselas, grenades, chrysanthèmes, dahlias, d'une franchise et d'une vigueur magistrales.

Bientôt après, il transportait son chevalet dans la maison du docteur Duval, à Neuilly. Après que Nélaton eut soulagé son mal par une heureuse opération, après même que l'artiste eut reçu, le 2 mars 1872, avis de sa libération, il continua dans cet asile à demander l'oubli à un travail ininterrompu. C'est de cette période que datent, entre tant d'autres toiles, les belles POMMES ROUGES de la collection H. Rouart, ou les POMMES ET FAISANS, reproduits ci-contre, que conserve pieusement Mlle Juliette Courbet.

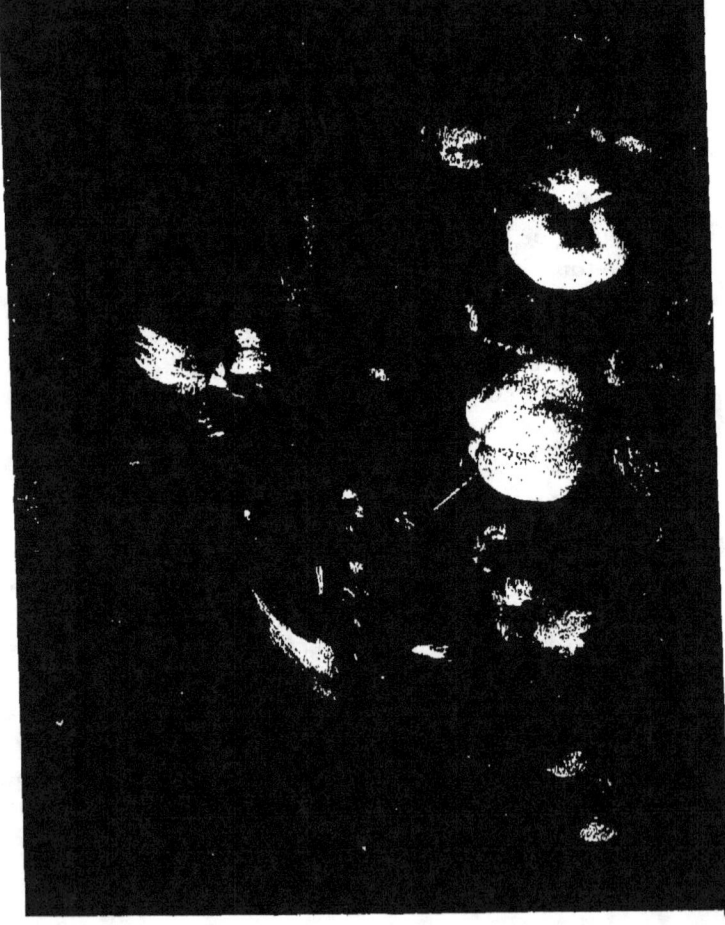

XLIV. — FAISANS ET POMMES

XLV. — LA FEMME DE MUNICH

Malgré l'hostilité générale, qui lui interdisait encore les sorties dans Paris, Courbet tenta au printemps de l'année 1872 de présenter quelques œuvres au public. Il fallait vivre d'ailleurs, et la situation de l'artiste était fort précaire. Son atelier d'Ornans avait été saccagé par les Prussiens. On lui avait volé des toiles rue Hautefeuille et rue du Vieux-Colombier. En même temps on avait profité de sa captivité pour dérober deux caisses de tableaux mises en dépôt dans une cave du passage du Saumon: « perte de 150,000 francs, au moins ».

Courbet présenta donc au Salon une de ses récentes natures mortes et aussi une étude de nu, célèbre sous le nom de LA FEMME DE MUNICH.

Elle avait été peinte dans cette ville en 1869, au cours d'un de ces voyages triomphaux que Courbet fit souvent aux Pays-Bas et en Allemagne. Les artistes munichois lui avaient vu exécuter avec sa virtuosité habituelle des copies de Franz Hals et de Rembrandt et un magnifique sous-bois. « Procurez-moi un modèle vivant et vous en verrez bien d'autres », dit un jour Courbet au baron Remberg, qui parlait de sa peinture avec Kaulbach, Piloty et autres confrères. Kaulbach appela sans tarder sa bonne, habituée à ce genre de services, et la séance commença aussitôt. L'étude fut enlevée, de verve, en quelques heures.

Quand le jury de 1872 arriva devant LA FEMME DE MUNICH, Meissonier s'écria : « Nous n'avons pas à regarder cela. Il n'est pas question d'art mais de dignité : Courbet ne peut figurer dans nos expositions. Il faut que désormais il soit mort pour nous. »

Malgré les protestations de Fromentin, de Robert-Fleury, de Puvis de Chavannes (qui s'honora en démissionnant à ce propos et qui vit aussitôt un de ses propres tableaux refusé par ses confrères), le jury adopta la thèse de Meissonier, aux grands applaudissements de la presse. La voix des artistes restés sympathiques à Courbet, comme Daubigny, Corot, Daumier, Monet, Boudin, ne put se faire entendre dans ce concert de lâches rancunes.

Une fois de plus le peintre fut réduit à recourir aux expositions privées. Les fruits furent admirés chez Durand-Ruel, et LA FEMME DE MUNICH, exposée dans la galerie Ottoz, rue Notre-Dame de Lorette, fut saluée en ces termes par Castagnary : « Nous engageons les amis de la bonne peinture à visiter LA FEMME COUCHÉE dans la boutique où elle a trouvé asile contre les susceptibilités du peintre du cheval de l'Empereur. Ils y prendront un plaisir extrême... et ils pourront se convaincre une fois de plus que, sous le pinceau des vrais artistes, l'art français s'élève à la hauteur du grand art de toutes les époques ».

Le tableau, qui avait été acquis pour 4.000 francs par Delacroix, de Roubaix, en 1870, a passé depuis dans la collection du prince de Wagram.

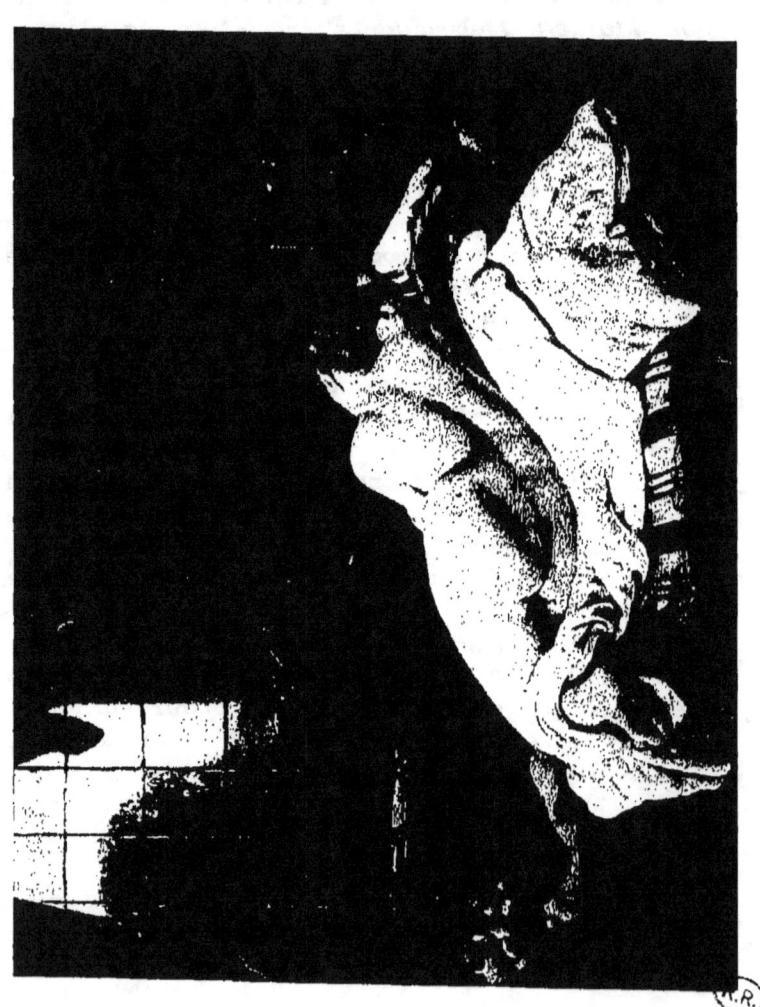

XLV. — LA DAME DE MUNICH

XLVI. — MAISONS AU BORD DE L'EAU

Quelques ventes heureuses, quelques sorties sans incidents dans Paris encouragèrent Courbet à abandonner son asile de Neuilly pour aller chercher dans son pays natal le réconfort qu'il y avait si souvent trouvé.

Mais là aussi, les esprits étaient fort montés contre lui. A Besançon, au Cercle des Canotiers, un épicier brisa son verre pour ne pas boire avec un communard. A Ornans, où il arriva le 26 mai 1872, les fêtes que lui firent ses amis ne suffisaient pas à effacer l'hostilité du conseil municipal, qui avait fait enlever de la fontaine des Iles-Basses la statue du PÊCHEUR DE CHAVOTS, modelée autrefois par l'artiste, en 1862, et offerte par lui à ses compatriotes. Le deuil attristait la maison familiale, car la mère de Courbet était morte de chagrin pendant la détention de son enfant. Malgré de longues promenades au milieu des sites préférés de sa jeunesse, Courbet avait peine à retrouver la santé physique et morale. Il écrivait à sa sœur Zoé, le 16 janvier 1873 : « J'ai été malade plus ou moins pendant tout l'hiver, de rhumatisme et d'un grossissement du foie... J'avais beaucoup de peinture commandée que je n'ai pu faire ; du reste, j'étais tellement écœuré de tout ce qui se passe que je restais au lit jusqu'à midi ».

L'Exposition de Vienne, qui se préparait alors, semblait devoir lui fournir l'occasion de reprendre sa place parmi les peintres. Sur le conseil de Castagnary, qui ne cessait de se dépenser courageusement en faveur de l'artiste, il fit pressentir les membres du jury. Mais le haineux Meissonier veillait encore et Courbet se vit refuser l'accès de l'Exposition.

Il se remit cependant au travail avec un nouveau courage. Jamais sa production ne fut plus intense qu'en ce printemps de 1873. Il est vrai que trois de ses élèves, Marcel Ordinaire, le Tessinois Cherubino Pata et un certain Cornu vinrent lui prêter concours avec un zèle parfois excessif. Mais la main du maître se retrouve encore dans quelques belles toiles, comme dans la MAISON AU BORD DE L'EAU, que nous croyons devoir attribuer à cette période. On y voit apparaître des recherches nouvelles dont on remarquera certainement l'intérêt. A sa manière jusque-là un peu compacte, il substitue un faire papillotant, qui fait circuler dans les feuillages l'air et la lumière et annonce les paysages de l'école impressionniste.

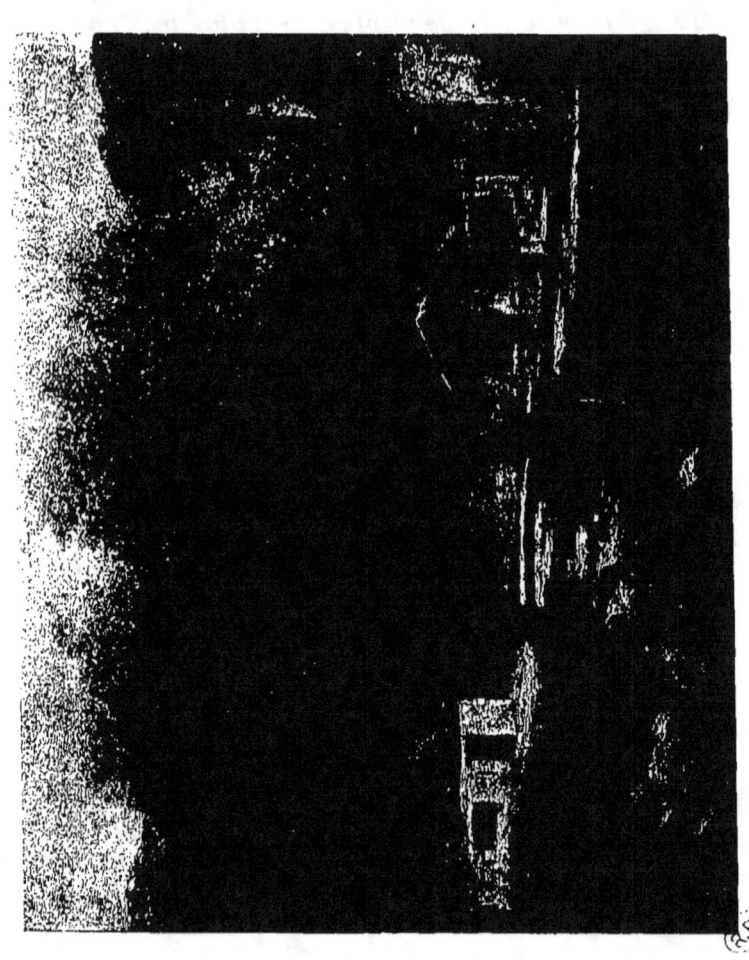

XLVI. — MAISONS AU BORD DE L'EAU

XLVII. — LES GRANDS CHÂTAIGNIERS

Il semble incroyable aujourd'hui que l'expiation du malheureux Courbet n'ait pas alors été jugée suffisante. Ses ennemis se préparaient pourtant à le frapper avec un nouvel acharnement.

En mai 1873, sous la présidence Mac-Mahon et sous le ministère de Broglie, la Chambre vota la reconstruction de la Colonne Vendôme et accepta un amendement des bonapartistes qui mettait en fait l'opération à la charge de Courbet. Des saisies furent aussitôt pratiquées, au nom de l'Etat, sur les propriétés du peintre à Ornans et à Paris, sur ses valeurs déposées dans les banques, sur les tableaux confiés à M. Durand-Ruel et à d'autres amis. Les compagnies de chemins de fer eurent l'ordre de ne rien expédier pour le compte de Courbet. La somme à verser s'annonçait si énorme que l'artiste n'avait d'autre perspective que la prison pour dettes. Il ne lui restait qu'à quitter la France, en fugitif, pour chercher asile dans un pays plus hospitalier.

Le 23 juillet, il parvint à gagner Neuchâtel. Après avoir erré quelques jours à l'aventure, il trouva enfin une retraite définitive aux portes de Vevey, dans le bourg de La Tour du Peilz.

Sa cordialité eut raison de la méfiance des habitants, qui lui offrirent bientôt l'hospitalité la plus sympathique. Après s'être logé chez le pasteur, puis au Café du Centre, le peintre acquit enfin au bord du lac de Genève une maisonnette, ancienne auberge de pêcheurs, qui conservait encore son enseigne symbolique : Bon Port.

C'est de là qu'il suivit les pénibles procès qui consommaient sa ruine. On eut beau démontrer jusqu'à l'évidence que, son rôle ayant été des plus accessoires dans la destruction de la Colonne, il était odieux de vouloir s'en venger sur lui seul, le tribunal civil de la Seine le déclara civilement responsable, le 26 juin 1874, et valida la plupart des saisies déjà opérées. Après d'interminables études du Ministère des travaux publics, la 1re Chambre du tribunal civil fixa enfin, le 24 mai 1877, au chiffre fabuleux de 323.091 fr. 68 c. la créance de l'Etat, payable par annuités de 10.000 francs.

Malgré ses angoisses et son indignation, Courbet avait repris ses pinceaux. Il mettait tout ce qui lui restait d'énergie et d'amour de son métier dans une dernière série de paysages. Les recherches de soleil et d'atmosphère qu'il avait entreprises dans son dernier séjour à Ornans se poursuivent dans ces toiles, dont LES GRANDS CHÂTAIGNIERS DU PARC DES CRÊTES semblent une des plus lumineuses et des plus belles (collection de Mlle Juliette Courbet).

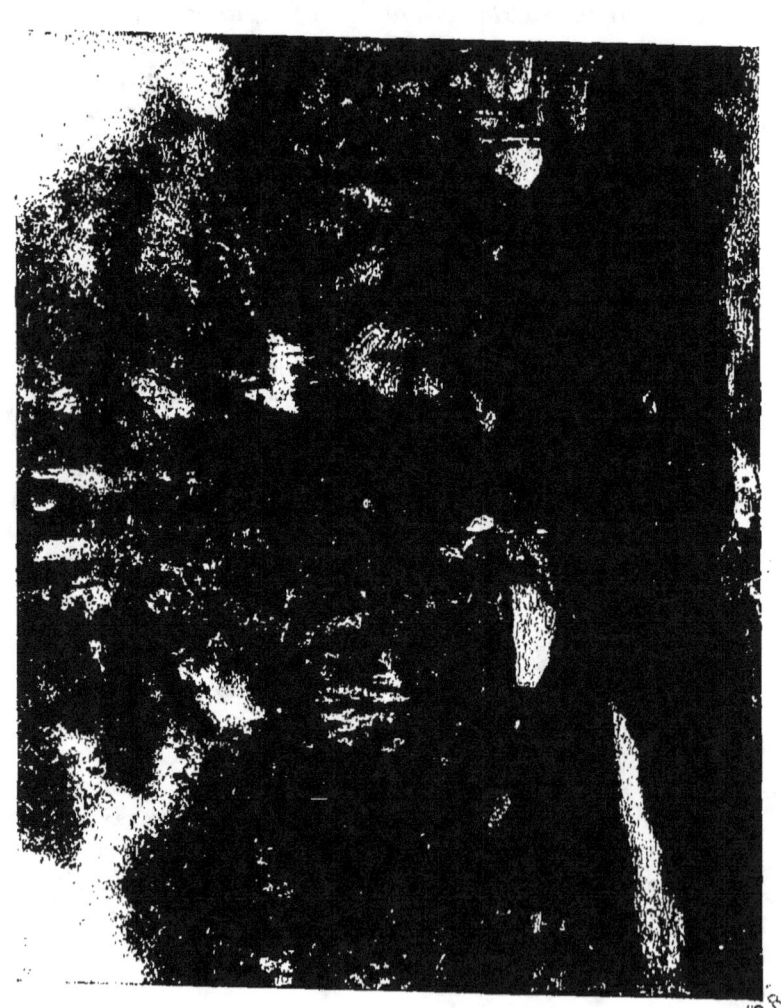

XLVII. — Les Grands Chataigniers

XLVIII. — LE CHÂTEAU DE CHILLON

De nombreux paysages datent de la même époque, études d'arbres, vues de LA CASCADE D'HAUTEVILLE, du LAC LÉMAN, de LA DENT DE JAMAN et de LA DENT DU MIDI. L'artiste se prit d'une particulière affection pour LE CHÂTEAU DE CHILLON, dont il aimait dresser les plans robustes au-dessus de l'eau transparente. L'exemplaire reproduit ici a passé par l'ancienne collection Gérard, mais on en trouverait des variantes chez Mme Castagnary, Mme Descombat, M. Cusenier, ou à l'Hôtel de Ville d'Ornans.

Il reprit aussi l'ébauchoir, qu'il avait manié quelquefois, et modela un buste de LA RÉPUBLIQUE HELVÉTIQUE, de forme discutable mais d'un beau mouvement. Sur le socle se lit l'inscription : « Helvetia. Hommage à l'Hospitalité. Tour de Peilz. Mai 1875 ». En acceptant cette œuvre au nom de ses compatriotes, le syndic exprima sa reconnaissance avec une touchante dignité : « Nous apprécions — dit-il — le sentiment, pour nous doux et agréable, qui a dicté votre démarche, à savoir que sur les rives du Léman vous avez joui de la paix... Vous avez vécu tranquille sous le drapeau de la liberté qui vous a inspiré. Merci donc pour ce témoignage de votre affection pour nous... Nous conserverons avec soin ce monument, qui dira à la postérité : Un illustre exilé a trouvé ici le repos ».

Entre autres répliques de L'HELVÉTIA, on connait celle qui précède l'entrée de la terrasse de Meudon.

En juin 1877, l'artiste put un moment espérer qu'il reprendrait bientôt sa place parmi ses confrères. Il avait envoyé à Paris la notice des tableaux qu'il désirait voir figurer à l'Exposition Universelle l'année suivante, et, cette fois, il avait eu enfin raison de ses adversaires. « Monsieur — avait dit Henner à l'un d'eux — parmi les hommes qui sont des peintres, il n'y a et il ne peut y avoir qu'une opinion. Si dix seulement devaient figurer à l'Exposition, M. Courbet serait l'un des dix ! »

Mais cette réparation arrivait trop tard. Au cours de ces années d'épreuves, la santé de l'artiste s'était altérée de plus en plus. « J'ai le cerveau tellement fatigué, écrivait-il à cette époque, que pour répondre à une lettre c'est un effort énorme. » L'hydropisie, dont il souffrait depuis longtemps, fit tout à coup de terribles progrès. Au milieu de ses tortures physiques, il apprit qu'une vente judiciaire de ses tableaux, faite dans des conditions déplorables, à la fin de novembre 1877, avait produit les résultats les plus insignifiants. Ce fut une des dernières nouvelles que le peintre reçut de France.

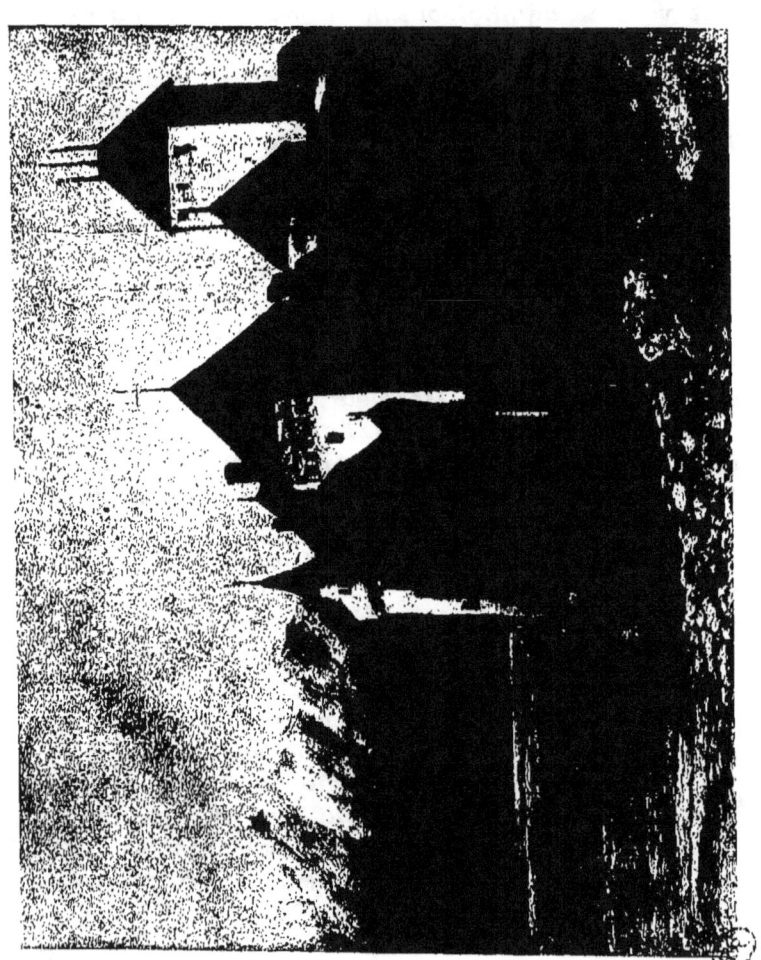

XLVIII. — Le Château de Chillon

TABLE

Gustave Courbet. Introduction par Léonce BÉNÉDITE.. .. 5
Bibliographie sommaire.. 15

Courbet au chien noir. 17
Le Guitarrero.. 19
Le Hamac.. 21
L'Homme à la pipe. 23
L'Homme à la ceinture de cuir 25
L'après-dîner à Ornans 27
Les Paysans de Flagey 29
L'Apôtre Jean Journet 31
Les Casseurs de pierres 33
L'Enterrement à Ornans. 35
L'Enterrement (les porteurs) 37
L'Enterrement (les femmes) 39
Les Demoiselles de village 41
Environs d'Ornans.. 43
Les Baigneuses 45
Les Lutteurs 47
La Fileuse endormie 49
Baudelaire.. 51
Champfleury.. 53
Proudhon et sa famille 55
Alfred Bruyas 57
La Rencontre.. 59

TABLE DES MATIÈRES

Les Cribleuses de blé	61
Le Château d'Ornans	63
L'Atelier	65
L'Atelier (fragment)	67
Courbet au col rayé	69
Baigneuse (étude)	71
Mᵐᵉ Marie Crocq	73
Les Demoiselles du bord de la Seine	75
Chiens et Lièvre	77
Chasseurs en forêt	79
Le Combat de Cerfs	81
Le Chasseur d'eau	83
Le Retour de la Conférence	85
Vénus et Psyché	87
La Femme au Perroquet	89
Jô, femme d'Irlande	91
La Sieste	93
La Vague aux trois Barques	95
La Falaise d'Etretat	97
La Vague	99
Jules Vallès	101
Faisans et Pommes	103
La Dame de Munich	105
Maisons au bord de l'eau	107
Les Grands Châtaigniers	109
Le Château de Chillon	111

ABONNEMENT

A

"l'Art de Notre Temps"

◙ ◙ ◙

LA SÉRIE COMPLÈTE DES 10 ALBUMS
ANNONCÉS PLUS HAUT

France : 30 fr.   *Étranger : 35 fr.*

◙ ◙ ◙ ◙ ◙ ◙ ◙ ◙ ◙ ◙ ◙ ◙ ◙ ◙ ◙ ◙ ◙ ◙ ◙

══ **Par faveur exceptionnelle** ══

Tous les acheteurs du présent album pourront souscrire aux autres volumes parus ou à paraître ══ dans la première série : ══

AU PRIX DE **26** FR. **50**

C'EST-A-DIRE AU PRIX DE 30 FRANCS DIMINUÉ DE 3 FR. 50, VALEUR DU PRÉSENT ALBUM

PHOTOGRAPHIES D'ŒUVRES D'ART

OBTENUES PAR

LES PROCÉDÉS E. DRUET

108, RUE DU FAUBOURG SAINT-HONORÉ, PARIS (VIIIe)

———————— TÉLÉPHONE 523-12 ————————

PEINTURES ET SCULPTURES
DES MAITRES MODERNES ET CONTEMPORAINS
Carrière, Cézanne, Courbet, Degas, Delacroix, Maurice Denis, Gauguin, Van Gogh, Ingres, Manet, Cl. Monet, Pissarro, Renoir, F.-X. Roussel, Sisley, De Toulouse-Lautrec, Vuillard, Bugatti, Dalou, Dejean, Desbois, Hoetger, Maillol, Rodin, etc., etc.

REPRODUCTIONS DES ŒUVRES PRINCIPALES DE
Boucher, Chardin, Van Dyck, Fragonard, Poussin, Rembrandt, Rubens, Watteau, Primitifs Français et Italiens, etc., etc.

Catalogue : *Peinture et Sculpture anciennes* : 1 franc.
Catalogue : *Peinture et Sculpture modernes* : 2 francs.
Remboursables à la première commande de 50 francs

EXTRAIT DU CATALOGUE GÉNÉRAL DES
MAITRES DE LA PEINTURE MODERNE

PHOTOGRAPHIÉS ET PUBLIÉS PAR

J.-E. BULLOZ

ÉDITEUR, 21, RUE BONAPARTE, PARIS

COURBET (GUSTAVE)

La Vague	Musée du Louvre.
La Sieste	Musée des Beaux-Arts de la Ville de Paris
Proudhon et ses Enfants ..	— — —
Courbet au Chien	— — —
Les Demoiselles des bords de la Seine	— — —
Portrait de Mlle Juliette Courbet	— — —
L'Après-Dîner à Ornans	Musée de Lille.
L'Hallali du Cerf	Musée de Besançon.
Portrait du Peintre à l'âge de trente ans	—
Les Amants heureux	Musée de Lyon.
La Fileuse endormie	Musée de Montpellier.
La Rencontre : Bonjour M. Courbet	— —
Les Baigneuses	— —
Solitude : Bords de la Loue	— —
Portrait du Peintre, profil	— —
Portrait du Peintre (l'Homme à la Pipe) ..	— —
Portrait de M. Bruyas	— —
Portrait de Baudelaire	— —
Portrait de Femme	— —
Portrait de Jules Vallès	Coll. particulière, Paris.

LA RENAISSANCE DU LIVRE

placée sous le patronage des sommités intellectuelles de l'époque qui se sont plu à louer son goût très sûr dans la présentation matérielle et son soin scrupuleux dans l'établissement des textes, édite aussi

LES CHEFS-D'ŒUVRE DE LA LITTÉRATURE FRANÇAISE

en 100 volumes de luxe

AU PRIX DE { 108 fr. AU COMPTANT
120 fr. PAR PAIEMENTS ÉCHELONNÉS

avec, pour tous, en prime gratuite
UNE BIBLIOTHÈQUE EN CHÊNE DE STYLE LOUIS XV

LES MILLE NOUVELLES NOUVELLES

Chaque mois un volume ; dans chaque volume un hors-texte gravé en cuvette et 10 nouvelles de 10 auteurs de 10 pays différents, précédées chacune d'une notice bio-bibliographique sur l'auteur

L'ABONNEMENT ANNUEL : 10 FRANCS
La souscription à la collection complète : 80 francs

IN-EXTENSO

Collection absolument unique où paraît chaque mois, pour
0 fr. 45 UN OUVRAGE (PIÈCES OU ROMANS COMPLETS) DE 3 fr. 50

signé Hermant, Rod, Rosny, Hennique, Adam, Serao, Bjornson, Lemonnier, Daudet, Le Goffic, Rodenbach, Ibsen, Tolstoï, Sienkiewicz, etc., et où vient d'entrer un chef-d'œuvre inconnu, un

Roman INÉDIT de Balzac : " L'AMOUR MASQUÉ "

LES ŒUVRES COMPLÈTES DE H. DE BALZAC

Reliées dos cuir, fers spéciaux, dorures à l'or vrai. Édition dite de la Maison de BALZAC. Texte complet sans coupures et mieux imprimé de 60 volumes à 3 fr. 50

La valeur de 210 fr. de Romans, Théâtres et Contes pour :
30 FRANCS EN UN SEUL VERSEMENT
35 FRANCS EN QUATRE VERSEMENTS

Ces prix seront prochainement augmentés

LES ŒUVRES COMPLÈTES D'ALFRED DE MUSSET

deux éditions

L'UNE DE HUIT VOLUMES AU PRIX DE 6 fr. LES HUIT VOLUMES
L'AUTRE EN UN VOLUME IN-OCTAVO AU PRIX DE 3 fr. 50

(Demandez, pour détails complémentaires, le catalogue envoyé gratuitement)

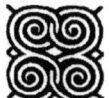

Ch. GENTON & Cie
IMPRIMEURS PARIS

www.ingramcontent.com/pod-product-compliance
Lightning Source LLC
Chambersburg PA
CBHW052249220526
45471CB00001B/257